U0580978

营销徐谈

赢得大客户就是最精准的营销策略

徐风云 ◎ 著

科学出版社

图书在版编目 (CIP) 数据

营销徐谈 / 徐风云著. – 北京：科学出版社,2014.6
ISBN 978-7-03-041169-3

Ⅰ.①营… Ⅱ.①徐… Ⅲ.①市场营销学 Ⅳ.①F713.50

中国版本图书馆CIP数据核字(2014)第126428号

责任编辑：徐　烁　张晓雪
责任印制：阎　磊 / 封面设计：红杉林文化

科学出版社 出版
北京东黄城根北街16号
邮政编码：100717
北京通州皇家印刷厂 印刷
科学出版社发行　各地新华书店经销

2014年7月第一版	开本：B5（720×1000）
2014年7月第一次印刷	印张：13
字数：150 000	定价：39.00元

（如有印装质量问题，我社负责调换）

企业需要什么样的职业经理人?

近年来，我偶尔获邀出席一些为中小企业做经验分享的场合或活动，很多中小企业的老板聚在一起，难免会谈到有关职业经理人的话题。

印象最深刻的是有一位老板跟我说，抗美援朝时，为什么武器精良、装备齐全的美军打不过中国志愿军? 主要是因为美军是职业军人，看到实在打不过就顿生投降之心，缺乏中国志愿军所具备的必胜的"事业心"。

确实，职业经理人曾经让一些企图靠他们快速获得超值回报的企业主倍感"受伤"。究其原因，目前不少国内职业经理人的职业精神和职业操守仍较为欠缺。无法融入企业、频繁的跳槽、高薪与低业绩之间的落差等因素都让很多老板对职业经理人敬而远之。

曾经一度，我也对 "职业经理人"的这个说法较为反感，也有些偏见，甚至认为他们没有与企业同甘共苦之心，没有将自己与企业的命运连在一起，在一家企业搞不好就会立马跳槽到别家企业。

　　作为一位企业的创始人，我也曾经引进过不少职业经理人，可以毫不讳言地说，他们中的大多数人在我们企业获得了一定程度上的成功，有的还很好地融入了企业，成为企业的中流砥柱。在企业中，我更愿意把他们当做自己的兄弟、朋友，或是家人。在我看来，职业经理人要获得老板的认可，建立信任，应该具备以下四点。

　　（1）能吃苦。民营企业大多出身低微，很多都是从小作坊做起，胼手胝足打拼出来的。企业的文化与制度跟西方企业大都大相径庭。作为企业老板，当然也希望自己请来的职业经理人能够不要过于计较，平时能够乐于付出，关键时刻能够打硬仗。

　　（2）敢担当。就是要有责任感，无论是对公司还是对客户，无论是对员工还是对家人，都能够承担起自己应该承担的责任。拥有一个有担当的领导，团队才会有凝聚力，员工才会愿意为你卖命，工作才会有成绩。

　　（3）有激情。我经常把企业管理者比喻成登山运动员，在登山的过程中感受到乐趣，以及到了山顶那一霎的成就感——征服了！做职业经理人也是一样的，只要热爱这份职业，并把它当做自己的事业来追求，就会不断地创造、不断地贡献，这样你才会感受到乐趣。只有对工作饱含热情，才能持续地把事业坚持下去。

　　（4）价值认同。上下同欲者胜。职业经理人的企业经营理念和价值观是否一致，是老板衡量其是否忠诚的最重要因素。企业用人，常讲"德才兼备"。其实，是先有德，后有才。哪怕在企业干一天，也要全心全意为企业负责好这一天。

一个职业经理人如果具备了以上四点，我想他在任何一家企业都能够很好地开展工作，也更容易获得成功。

我与徐风云先生的相识始于2009年，但真正了解他的为人却是在2010年广州亚运会项目的合作过程中，当时雷士照明控股有限公司（以下简称"雷士照明"）正在切入亚运会的照明工程项目。他那时代表一家音响企业，也成功打进了亚运会的相关工程项目。因此，他建立了大量的亚运会资源，积累了丰富的项目经验。当时雷士照明的亚运攻坚团队成立不久，很多工作刚刚起步，他不遗余力地帮助雷士照明，不计得失地牵线搭桥、出谋划策，为雷士照明最终中标成为广州亚运会的照明产品供应商贡献了不小的力量。正是他的这种惯于分享、乐于助人、愿成人之美的性格和行为，赢得了很多合作者的赏识。

后来在一次聊天中，我跟徐风云先生说，凭借他手上的资源和多年积累的营销经验，在雷士照明的平台上他会有更加广阔的空间，因此有了后来的共事。他身上的职业精神和做事风格，我非常欣赏。他每天充满激情和正能量，用时下的话说，就像打了鸡血一样；他又是一位很善于思考和总结的经理人，言谈和文字中常有创新思维、真知灼见。

徐风云先生的这本大作内容广博、观点新颖，或谈体育营销的心得理念，或谈工作的细节技能，或谈企业的发展建议，甚至谈到了生活情趣、交朋结友，但所有这些，更多的是让我们欣然地看到他身上所呈现出的一个职业经理人的良好修养，以及一种健康阳光的心态，这必定会让很多企业老板感到欣赏和认同。

这本书是他近年辛勤工作的实践经验，字字珠玑，句句实用。孔子曰："知之者不如好之者，好之者不如乐之者。"不管是做老板，还是做职业经理人，要取得一定的成就，不但要"知之"，更重要的是能够做到"好之""乐之"。我认为，徐凤云先生的这本书不仅能够给大家带来新知，同时更能够帮助那些正在职业道路上寻求发展的朋友们找到其中的奥秘及乐趣。

雷士照明控股有限公司创始人、总裁

吴长江

富有正能量的实干家

中国企业界从来不缺雄韬伟略的战略家，缺少的是精益求精、不折不扣的执行者和实干家。这些年看过许许多多的企业，一个很明显的事实是：执行和实干能力很强的企业，经营通常都不会差到哪儿去。反之，再华丽的战略，都不过是空中楼阁。

而带领团队有效执行公司战略，则需要优秀的、具有良好职业操守和专业素养、理想远大、并能视企业追求为个人追求的职业经理人。

这样的职业经理人，是当下中国企业界最稀缺的资源。但相当多的优秀经理人在积累了一定资源和人脉之后不约而同地选择了创业，这使得中国职场上的优秀职业经理人更加稀缺。

永远激情澎湃、视工作为生命的徐风云，却明确表示要将职业经理人的生涯进行到底。当然仅就这一点，并没有单独拎出来赞一赞的必要。所谓萝卜白菜各有所爱，每个人对职业道路都有自己的规划和选择。认识徐总十多年来，真正令我震撼和欣赏的是，他多年如一日的勤奋努力，不断从多个角度学习和提升自己的进取精神，对自己所经历的每一个企业、每一份工作的全情投入和十足的责任心，以及周身满溢的正能量——他明确表示自己不做老板，但他却有十足的"老板精神"。

对自己负责，也对自己所服务的企业负责，这种精神和能量装点着他，让这个拼搏向上、充满智慧、富有个性的经理人形象，丰满而富有感染力。

学习，如饥似渴

认识他，是源于我的老领导、我们共同的朋友——车间广告文化传播有限公司创始人张伟的介绍。那还是十年前，徐风云在山东一家企业出任总经理，他和张伟两个学习狂人经常共同切磋各类优秀管理书籍，他的名字便随着张总的反复提及而在我工作的企业人尽皆知。我经常收到的他的短信——在读什么好书？

进而，就是看他写的各种文章和各类书籍的读后感，我常常惊讶于这样一个活跃在市场一线超级忙碌的管理精英读书的速度和质量。有了这种疯狂的学习精神的催化，他的成长速度可想而知。几年前，他任职锐丰音响科技股份有限公司（以下简称"锐丰音响"）的董事总经理，借力奥运疾速成为不折不扣的体育营销专家，并出版了相关专著；电子商务兴起时，他专程赶赴淘宝网取经，学习电子商务理念和实践经验，跟淘宝"店小二"做朋友，几个月的工夫俨然又成了电子商务专家，能在各种场合为企业家和职业经理人开授与电子商务相关的讲座，并用极短的时间协助国金黄金集团有限公司创立了电商黄金谷。

他给人的感觉就像一块永远吸不够水的海绵，孜孜不倦、永不停歇地汲取着各种知识的营养，并将这些知识努力地践行，不断地总结和升华，一个站在时代前沿的全方位实战派营销管理专家因此炼成。

我们手中的这本书，是他对十多年职业经理人生涯中实战经验的总结和提炼，是他管理智慧的结晶，饱含着他对营销事业的热爱，对企业管理各个环节的深入思考。其中的很多内容，都是用细节指导实践，对各层级管理者都具较高的指导意义。

这本书上的内容，多数源自《经理人》杂志上的专栏文章。这些文章朴实无华，却全是管理理念的干货，营养十足。几乎每期杂志上市后，我都能收到各种各样关于这些文章的讨论和反馈，不少读者因为喜欢这些文章，进而深深地喜爱上他这个人。他的专栏文章曾经中断了几期，就有读者专门打电话到编辑部询问。但是，大家只是津津有味地品读他文章中的智慧，只有我们的编辑才知道这些文章是如何辛苦写成的——曾经，身患重感冒，他发着高烧写稿；曾经，为了赶上刊期又不耽误工作，他凌晨五点起床赶稿；曾经，出差途中，他在飞机上写稿……

在我们编辑部，他作为一个超级实干家的"高大上"形象因此形成。我相信，这种实干精神，与工作实践中的他一脉相承。

使命，责任，义务

这三个词，是谈到职业经理人时，被提及最多的词汇。这三个词，也是徐风云的文章、微博、微信中，被探讨和诠释得最多的词汇。

"经理人对企业的使命、责任、义务是必须具备的。时时站在老板的角度考虑问题和尽心做事，不是为对谁尽责，其实只是对自己要有个交代，血性人生最难过自己这关。打工就是要打好这份工！"这是他在2014年1月发的一条微信。我们无法去还原他发这条微信的情境，但相信这是他对自己心智的剖析，也是他对自己的鞭策和鼓励。他曾在雷士照明任副总裁，亲历 2012 年年底至 2013 年的雷士风波，他没有过多地透露过这场风波中他所扮演的角色，风浪过后，他离开了雷士照明，但在我熟悉的雷士人中，他得到的评价是相当高的。据说，就是因为无论外界对事件本身有着怎样的争议和评价，他都"时时站在老板的角度尽心做事"。

我曾经问过他，你有过被误解的时候吗？你在工作中有过失落、迷茫，甚至想放弃的时候吗？他不置可否。但他发过这样的微信："我的生活中，那些整天唉声叹气、抱怨生活、不思进取的人和事，将不说、不看、不听，一切皆是幻象。"2013 年，他进入雷士照明的大股东广东德豪润达电气股份有限公司（以下简称"德豪润达"），面对巨大的业绩压力，他说："前面不管有多少困难，我们都要勇敢面对。累了喝杯热茶，继续前行，因为已没有回头的路。苦了就给自己打打气，付出总有回报，只是多和少的区别。孤单的夜晚，就唱《真心英雄》给自己鼓劲儿。爷是条好汉！输赢就在坚持和放弃的刹那间！"简短几句话，充满正能量！

我了解徐风云，多是通过他的文章和他发表在各种自媒体上的诸多文字，当然也包括日常的电话沟通。这些了解方式所获取的信息并不全面，这篇序文虽有溢美之词，但出发点并不是为他本人唱赞歌，而是尽量地用自己的视角，向广大读者介绍我所了解的本书作者，向大家展示一个优秀的职业经理人到底是怎样炼成的，他要具备怎样的进取心、心理承受力和怎样的担当。

借此，与千千万万的经理人共勉！

经理人传媒有限公司副总裁

《经理人》杂志总编辑

曾立平

大客户营销之道

刚翻开风云的这部书稿，"大客户"三个字就让我兴味盎然。众所周知，但凡企业都要讲究营销，尤其是大客户营销，这是每一家企业都需要认真面对的问题。那么大客户指的是什么呢？其实就是我们常常提到的重点客户、主要客户、优质客户，等等。狭义上来讲，在一些企业管理者的心里，大客户可能就是他们平时经常接触的分销商、经销商、代理商等群体。对这方面的认知，我们不妨换个角度来思考，不同的客户对企业利润的贡献度差异很大，要知道大客户为企业贡献的利润占了非常大的比重，这些客户才是我们所最为关注的。

拜读了徐风云先生的这本书，我颇有体会。整本书都是徐先生的经验之谈，"没有做不下来的大客户，每个人有不同的理解"，作为一家企业的带领者，这句话不得不说是讲到了每一位企业家的心坎里，让我看到了真正的营销人身上所具备的狼性和韧性。在这里，我们所提的大客户营销中的"大客户"，其实就是我上面所谈到的那些"为企业贡献的利润所占比重相对较大"的客户群体。

当今世界，一个企业规模做得再大，也不可能拥有市场竞争所需要的全部资源优势。世界经济一体化进程的快速发展，已经向我们宣告了世界经济已进入战略联盟时代。我常常和我的团队思考这个问题，我们常常要求自己要与大客户建立良好的关系，但是面对未来千变万化的市场环境和经济局势，我们要拿出什么办法、什么手段才能做好大客户的营销呢？我觉得不管怎么做，其实核心的东西是万变不离其宗的。首先是和大客户初期接触并建立关系，这是关键环节之一。这不仅仅是单纯的推销，更重要的是建立双方的互信。说实话，人家对你卖的产品和服务还没有真正深入的了解，怎么可能一上来就开始谈买卖呢？没有对彼此充分的认识与了解，对于企业而言就很被动，因为你在第一时间不知道对方的真正需求，不知道对方的燃眉之急。如果是这样，显然企业接下来就很难向买方做最精准的营销了。其次，经过几回合的接触并建立真正的利益往来之后，我们应该把工作重点和关键转移到大客户的维稳方面。这就需要企业时刻注意意外情况的发生，做好危机管理，要时刻保持与大客户的沟通，因为你向他们卖东西，实际上也是要为他们解决问题，帮助他们防患于未然。除了这方面，更要时刻留心大客户需求方面的改变或是更新。最后一方面，便是如何巩固双方的关系，到了这个阶段，大客户已经对企业有了更深层次的了解和信任，往往这个时候我们要和大客户建立一种互利互惠的关系，有些企业甚至和自己的大客户建立了互为大客户的关系。

总之，一家企业与一个大客户从建立关系的那天起，彼此之间的商业关系、利益关系是不会在签订合同之后就画上句号的，还需要维系和更新，客户最重视的还是企业今天的表现和企业明天能为他做什么。借徐风云先生的这本书和大家共勉，把握好大客户的营销之道，做大做强自身企业。

三六一度国际有限公司总裁

丁伍号

职业经理人的使命感

　　细读了风云的这本大作后，感触良多，这本集子应是他职业生涯中的宝贵感悟和精华积累。全书没有深奥的理论、难懂的术语，有的只是铅华洗尽的朴实无华，以及不拘小节的大开大合，在轻描淡写或浓墨重彩之间，道破企业经营的本质。

　　关于团队建设、体育营销、大客户营销、职业化、商务接待，甚至为人做事、生活情趣等，风云都有着独特而富有洞见的见解和思考，在启迪读者的同时，也为中国民营企业留下了一份弥足珍贵的商业思想参考资料。

　　能在繁忙的企业经营管理中将自己的思考与感悟糅合写成文章，并结集出版，于中国现今的企业经营者中并不多见，可见风云当属企业经营中的秀才！书中关于"说说'杀人的胆，要饭的脸'"的这一小节主要是讲大客户营销，这也确认了风云已具备秀才的心，当兵的胆。秀才练成兵，则天下无敌矣！

中国经济走过 30 年的发展历程，需要转型升级。中国民营企业经过 30 年的发展要更上一层楼，却面临着职业化、国际化和规范化的瓶颈。与此同时，中国职业经理人群体也迅速壮大，获得了前所未有的机会，但同时也面临着真正职业化的现实挑战。

中国民营经济和民营企业的发展和成熟，中国职业经理人阶层的发展与成熟，中国现代工商文化的发展与成熟，不仅会印证中国经济的发展与成熟，而且也将印证一个古老民族追求现代文明的历程。

一部人类的现代文明史，就是一部工商文明史，更确切地说是一部以工商文明为驱动的社会文明史。

被称为"日不落帝国"的英国和自诩为"世界警察"的美国，它们的发展史都是一部执剑经商的历史。执剑是手段，经商是目的。我们企业界为什么会戏称美国为"美利坚合众国股份有限公司"呢？我们的农耕文明，什么时候能过渡到现代工商文明？我们的民营企业家、职业经理人什么时候能够进化成"喝海水"而非"喝井水"的现代工商文明所崇尚的——充满契约精神，也有良好骑士担当的新一代企业家和经营者呢？

中国民营企业、民营企业家、职业经理人的合作共赢之路漫长而遥远。本书可以给行走在路上的企业家和职业经理人带来一点儿启发！

风云是条好汉，同时，也是一个使命感和责任感很强烈的职业经理人。是否能够真正给服务的企业带来最大的价值，这才是真正的职业经理人所应该拥有的使命感。衡量一个职业经理人是否职业化，最重要的不止是光环，不止是名声，更重要的是能否给企业带来真正的价值。在此书的诸多章节和风云的日常工作中，他言行之间透露着强烈的使命感和责任感，并成为其身上深刻的烙印。这种气质在中国目前的职业经理人中显得难能可贵，这也是中国民营企业、民营企业家最为看重的宝贵精神！

开创中国企业家与职业经理人合作共赢的局面，建立现代化企业治理体系，推动整个国家向现代工商文明迈进，无论是企业家、创业家，还是职业经理人，我们都任重而道远！

广东德豪润达电气股份有限公司董事长

雷士照明控股有限公司董事长

王冬雷

目录 / CONTENTS

第一章

大客户营销经验谈

说说"杀人的胆、要饭的脸"

"要有杀人的胆，要饭的脸。具备这两点，没有做不下来的大客户，每个人有不同的理解，你认为呢？"我曾经发过这样一条关于做大客户营销的微博，没想到，反响还挺强烈，有表示"非常认同"的，认为"营销人，一定要具备的两点，就是狼性和韧性"。但也有表示"100% 不同意"的，他们称："为什么我们会如此地误解销售这个职业。看了心里发酸！"

我觉得，赞同的朋友，是理解了这句话，而不认同的朋友，则太执著于"杀人、要饭"这俩词儿的字面意义了。其实，这么多年来，每当我说起做大客户营销的故事，不是您看了上面这句话后的"心里发酸"，而是真正的满腹心酸，百味杂陈。

做大客户，有人介绍牵线还好，起码能见着人，但不是每个项目都能找到人介绍，一个人的社交圈子再大，始终都有找不到熟人的时候，单就找人这一关，很多人就未必能过得了。

算起来，可以说十几年前我在 TCL 金能电池有限公司做资讯总监的时候，就开始做大客户。也许有人会奇怪，"资讯总监"听上去不像是跟营销相关的职位，确实如此，但我是个不安分的人，从来就不满足于只做自己的所谓"本职工作"，所以，实际上从那时起，我就开始去跑客户。当时有个大客户很牛气，他们用的配套产品根本就不考虑国产的。一开始他基本理都不理我，我就每个星期都去找他，借着送产品、样品的机会和他攀老乡、交朋友。一次、两次、三次，次次他都给我冷脸看。我偏不气馁，一个月去了他办公室十几次，去得他都有点烦我了。虽然他不想理我，但出于基本的礼貌有一搭没一搭地应付我，也许是我的诚心感动了他，也许是我天生亲和力强，终于他愿意开口和我说上几句了。去的次数实在太多，多到后来再去他的办公室都熟到可以自己倒茶喝了。坚持了半年之后，他见我说话算数、有诚信，不断地讲公司的好、产品的好，终于被打动了。有一天，他突然对我说："我服了你了，把我的办公室跑得比你自己的办公室还熟！"由于不断送样检测出的产品质量结果也不错，我的前期工作获得了回报，他终于选用了我们的产品。这次成功让我得出一个经验：做大客户就是从别人给你脸色看、从别人拒绝你开始的。很多人一碰到这种情况就打退堂鼓，即便能坚持，往往也"再而衰，三而竭"，韧劲儿不够。

再讲个往事。2006 年，我在广州的锐丰音响任职，当时为了拿下鸟巢，即国家体育场的音响工程，四处找人，但却不得其门而入。后来我在报纸上看到鸟巢要进行市场开发，有个副总经理经常出面接受采访，就觉得可以试着找找这个人。这也算我的一个经验。一般做大项目时，我都会上网搜搜资料，特别是大型项目开工时，都会有些相关的活动，常常会有领导出席活动或出面讲话，你要找的人，或许就在这里面。当时我就认定了要找到这位副总。但苦于人脉有限，在圈子里打听来打听去都没结果。最后我决定，直接到北京"找上门"去。出差到了北京，住下来安顿好，我就直接到鸟巢工地去。当时鸟巢工地边上有个小院子，是国家体育场有限责任公司的所在地。参与过奥林匹克运动会（以下简称"奥运会"）筹备工作的人都知道，奥运会工地的保安看守得很紧，但不管怎样，我想就算没办法和这位只知道名字的副总说上话，至少也要混进去递个资料，于是我就拎着包拿着公司资料找上门去，问这位副总在不在。保安说在，问有没有预约，没有预约不让进，软磨硬泡他都铁面无私。好，我就守着。守着守着，恰好送快递的人来了，趁保安收快递的时候，我就溜了进去，可是我进去不到10米就被警惕性很高的保安逮住训了一顿，连推带轰地把我赶了出来，一边轰一边训："你知道这是什么地方吗？你知道国家体育场是干什么的吗？我哪知道你是搞音响还是搞炸弹啊，你这是危害国家安全你

| 建设中的鸟巢外景 |

知道吗！”晦气归晦气，我还得继续等，等啊等，终于等到保安交班了，趁着保安走开一小会儿拿盒饭的机会，我噌地一下窜进去，直奔办公区。到了前台，前台小姐问找谁，我报了名字，电话一问，里面说没有预约我这么个人，让我在大厅坐下。幸运的是，那个副总居然自己出来了。他很礼貌，耐着性子听我自我介绍了一下公司和产品，然后敷衍说："以后有需要再找你们。"我请他留个名片，他说名片用完了，我赶紧掏出小本子请他写个电话号码，也许他觉得这样还再拒绝实在说不过去，虽然不情愿，但他还是写下了联系电话。万事开头难，有了个电话号码就好办了，一回生二回熟，最后大家终于能够坐下来谈了。

做奥运会工程是个相对漫长的过程，而且因为奥运会安保等特殊因素，信息严重不对称，很多时候我们缺少信息，但有时候信息又太多了，分不清真假。即便找了人打听消息，也各有各的说法，比如，当时有人说鸟巢里面已经安装了产品，有些说没装。最后我决定——亲自去看一下。就像上面我讲过的，当时奥运会各个工地保安的警惕心、政治觉悟都特别高，好不容易让我混进去看到了场地，发现果然没装音响，正在暗自庆幸时，又被保安给逮住了，三四个人一起围过来，把我推搡到保安室，还叫来了他们的保安队长，保安队长一边呼呼喝喝地核实我的身份证、一边像派出所做询问笔录一样问这问那，还打电话到公司核实我这总经理的身份，最后核实清楚了还要我写个保证书给他们才算结束。

在我的职业生涯中，类似的事情真是数不胜数。有一次，还是去北京，为了约见一位大客户，打电话约人，他说开会，明天再说。好，第二天上午十一点多再打电话过去，一打就被挂掉，发信息他也不回。搞到下午四五点钟我想实在不行了，就直接奔他办公室而去，问保安，保安说他上午在，下午好像不在。保安问我是干什么的？我说约了他谈事儿，那保安就说那你自己打电话。没办法，第二天再去，我从清早七点半开始守在办公室门口，守到八点半大家都上班了还没见着人。然后我就开始和保安套近乎，问他来了没？保安说来了，于是让保安给他通报。还好，让进。进到里面见着人，他说："我知道你们公司，但我这两天太忙，你把资料放下吧。"我不能放弃这个见面的机会，诚恳地邀请他，希望他能够到我们北京分公司去考察一下。"我找个时间去看下吧"，他敷衍道。我步步紧逼，问他："那您什么时候能安排时间来看看呢？"他被我"彬彬有礼"地缠得够呛，又不好发作，所谓"伸手不打笑脸人"。最后他说："徐总，我没遇过像你这样的，行行行，我明天下午有点时间，明天下午吧！"当然，缠人也要缠得有理有节，并不是一味地死皮赖脸。即使别人敷衍你，你也要注意在敷衍的话里寻找机会，话里有话要学会倾听，灵活应变。

实际上，我是个农村里长大的孩子，小时候因为家里穷，怕被人瞧不起，所以自尊心特别强，一遇到冷遇和白眼就更容易"心里发酸"。就是在后来长期做营销的过程中，苦其心志，学会了忍耐，学会了把握机会。行百里者半九十，其实，就算是做足了上面这一切，离成功还八字没一撇。但万事开头难，仅仅只为了抢得先机，争取一个平等竞争的机会，你就必须学会在等待中煎熬，在等待中磨炼自己的意志。所以说，所谓"杀人的胆、要饭的脸"也就是说你要具备足够的胆量和韧劲儿，坚持不懈，勇往直前。

做事先做人，功夫在诗外

做人做事要多付出

常有人向我讨教大客户营销方面的经验，恨不得我能总结个《九阴真经》或《葵花宝典》出来，对照着练个三招两式便能杀敌制胜。其实，世事洞明皆学问，人情练达即文章。这世上，很多道理都是相通的，做大客户营销也一样没有捷径，功夫在诗外，所谓做事先做人，说的其实都是一个道理。

我为人做事的理念就是——做人做事要多付出。

讲讲我在辽宁做某大型活动项目的例子。当时我第一次过去，本来是去找他们商谈做他们的照明产品独家供应商一事，去了以后跟他们一聊，才发现他们的组织委员会（以下简称"组委会"）成员都是从各个政府部门抽调来的，有的以前是搞纪检的，有的是搞城市规划的，什么部门的人都有，却独独缺少搞市场开发的。组委会成员虽然也有从宣传部调来的，但宣传部其实是管媒体的，并没有对策划、推广、包装、传播的具体经验。

| 我代表锐丰音响，为竞标广州亚运会扩声系统独家供应商在做最后的陈述 |

　　虽说"人之患在好为人师"，但在明明能帮人指道儿的时候却袖手旁观却不是我的风格。因为之前有参加过北京奥运会、广州亚洲运动会（以下简称"亚运会"）、深圳世界大学生运动会（以下简称"大运会"）、上海世界博览会（以下简称"世博会"）等工程的经历，加上我这人做什么事都比较用心，精力也还算充沛，参与这些项目的时候都会经常思考、总结，这些年下来还真积累了不少经验。虽然本来过去是跟他们谈生意的，但兴致一来，就跟他们谈开了：这个活动，市场开发应该怎么做，商业计划书应该怎么写，怎么宣传才能抓住企业的兴奋点。我还告诉他们：你们这个活动不能搞成一个地方性的活动，要把它办成一个全国性的或者世界性的活动。

　　因为大家之前也确实没这方面经验，所以跟他们这么一说，他们就说，你经验这么丰富，能不能帮帮我们？我说没问题。我就帮他们做市场开发计划书，用了一整个星期天的晚上，帮他们写了份两万字的方案。他们觉得这个方案很好，但是又不知道怎么去说服领导，最后我不仅帮他们修改，连怎么去跟领导汇报请示的报告都帮他们一并拟好了。从表面上看，我一时半会儿并没谈成自己的生意，又累死累活地做了那么多分外事，似乎什么好处都没得到。但最后的结果其实是双赢的：我帮了组委会的大忙，当他们带着这个方案去跟领导汇报时，得到了领导的嘉奖，他们都很高兴。而到了这个时候，如果他们不和我合作生意，连他们自己都不好意思了。

多帮别人总有回报

这些年，我始终乐于向很多国际体育组织推荐我们中国的企业，也向国内企业宣传如何通过这些国际组织提升品牌，发展自己，找到商机。很多人对此不解，他们会问我，你掌握的这些资源很宝贵，为什么要提供给他们呢？大家都会干这事了，你哪还有什么价值呢？我不这么理解。能多帮别人的时候一定要多帮别人，帮了一百个人，哪怕有一个人记得你帮过他，或者说能帮回你，那就是成功的。记得有一次，一个朋友对我说：兄弟，你帮我我会给你好处的。我说我不要好处，他说那你要什么呢？我就告诉他，我现在有能力帮你的时候我就帮你，没有想法；哪天我困难的时候，假如你能帮我，也帮我一把。这就是我做人的价值观。不管我是做电子产品，做日化，做专业音响，还是在做照明，愿意帮我的人都很多很多。2004年我做专业音响的时候，并不懂这个行当，但因为很多人帮助了我，所以我才能打败了很多在行内干了很多年的人。2011年开始做照明的时候，我一样不了解照明行业，但一样有很多人介绍生意给我。为什么？因为我总想着帮别人，不管是在工作上，还是在生活中，所以愿意帮我的人也越来越多。很多人眼里只想着自己做的事，考虑的往往也只是眼前的利益，行之不远。

这些年有幸参与了不少国内、国际的大型活动项目，在参与的过程中，我不仅做成了生意，更在这个过程中贡献了自己的智慧。

比如山东海阳亚洲沙滩运动会（以下简称"亚沙会"）。亚沙会是亚洲奥林匹克理事会（以下简称"亚奥理事会"）组织的一个活动，连着几届我都参与其中。对于大型的体育赛事，能否成功举办，半数取决于市场开发成功与否。一方面，我不遗余力地向他们推荐中国的企业，一方面不断给国内相关部门灌输"不能把亚沙会仅仅做成一个地方性活动"的观念，给他们提供很多如何把影响力做大的建议。当时我帮地方政府一起组织了海阳亚沙会

| 和亚奥理事会主席艾哈迈德亲王合影 |

在广州的新闻推介会。在会上，我还亲自上台向与会企业推广和宣传亚沙会的意义和市场开发价值。海阳亚沙会后来成功举办，其中5家参与赞助海阳亚沙会的企业都是我推荐的。后来，海阳的一位领导也在多个场合夸我"海阳亚沙会的市场开发，徐风云的功劳是不能忘记的，是他帮我们打赢了第一仗"。毫不谦虚地说，正是我帮他们做了这些开头，才使海阳亚沙会成为历届亚沙会中赞助商企业最多、市场开发最成功的一届。

如果贡献不了智慧，在平时的工作和生活中，我想，注重分享也应该是营销人应该学的一课。我经常会利用一些空闲时间，把我的客户介绍给非我这个行当里的朋友，久而久之，大家便都成了朋友。其实，现代商业社会，客户和朋友之间，本来就没严格的区分。只要你热心，你肯多为大家创造一些机会，大家都会认同你这个朋友。我把我的客户介绍给他们，他们也会把他们的客户介绍给我，海纳百川，朋友圈自然越来越大。我觉得，做营销的最高境界就是：不管你做什么，朋友遍天下，哪里都会有人帮助你，所以不管你卖什么，都能够卖得出去。

我认识的企业老板比较多，他们经常会跟我说：哎呀，像你这样做营销的人才我们就请不起了，但你能不能帮我们推荐一些人呢？其实现在国内很多企业的产品都做得很好，但就是缺少营销人才，老板们真的是求贤若渴，但很多时候，老板们普遍都不信任直接从人才市场上招聘的人，而更愿意相信通过朋友推荐、知根知底的人。我也很清楚，其实很多机会未必是适合你的，有这些机会的时候，为什么不介绍给自己的朋友、跟他们一起分享呢？这么多年来，我也不知道自己成功介绍了多少位经理人与这些老板合作，而这些年来，很多生意都正是由这些我推荐给老板们的职业经理人做成的。

功夫在诗外

所以说，做大客户营销，功夫在诗外。陆游当年教育儿子，真想学好写诗，并不在于遣词造句，它更需要的是对渊博知识的掌握，对生活的思考和沉淀。做大客户营销做到一定水平，就要能够做到在跟客户交流的时候，对于客户感兴趣的话题，我们都能跟他们进行很好的沟通，客户想聊什么，都能聊。我有一次去山东谈业务，和一位地产公司老板吃饭。当天可能因为他还要招待其他朋友，就把几拨人聚一块儿了。我一看这场合，就知道不适合去跟他讲我们公司，谈生意上的事。大家就一起吃饭，吃饭过程中大家讲到了喝茶的事。刚好我喜欢喝茶，而且还喜欢喝得跟别人不一样，喜欢勾茶喝。跟他们一讲，大家都很感兴趣，我的谈兴也愈浓。后来吃完饭，老板意犹未尽，他说，我有个茶庄，大家一起再去茶庄喝茶，听徐总讲茶道。于是当天晚上从九点开始喝茶，我临时充当了茶艺师，给大家勾茶品茶，还讲起了三国与企业管理之道，大家一直喝到凌晨两点才散。当天自始至终，我都没谈生意，但通过这样的接触和了解，人家自然而然地就把生意交给我了，而且大家还成了朋友。

也许正是因为我自己的这种营销风格，所以我才最看不起那种一见客户就讲自己的产品怎么怎么好，有些甚至还兼有吹嘘成分的营销方式，那种方式更加等而下之。很多时候，我跟对手竞争，并不是依靠我的专业知识打败他们。在我的职业生涯里，我从来不会只去讲我们产品的好和坏，我会更多地讲我们的责任心，讲我们的为人，所谓做事先做人，就是这个道理。

体育营销一定要学会"傍大款"

2012 年的夏天，我去伦敦看奥运会，光阴流转，2008 年北京奥运会已经过去 4 年了。我不是一个体育迷，但却和体育营销结缘。从 2005 年在南京举办的第十届中华人民共和国全国运动会（以下简称"全运会"）时就开始作为赞助企业代表，到后来参与北京奥运会，也有越来越多的机会参与到和其他各大型国际体育组织的合作中，不敢夸口从中积累了多少经验，但至少足以证谬许多"专家"关于体育营销得失总结之类的外行说法。真正是——纸上得来终觉浅，绝知此事要躬行。

国际赞助商的秘密

在商言商，做什么事情之前，考虑投资成本回报是很自然的事。北京申办奥运会时，我印象很深的一个事情是，当时日本某知名电子企业，已经连续做了很多年国际奥林匹克委员会（以下简称"国际奥委会"）的顶级赞助商。当时我们就是搞不懂，按照中国人的思维，觉得他们真傻，就为了宣传个品牌，4年时间，要花1亿多美元成为合作伙伴，就为了把自己的品牌和国际奥委会的连在一起宣传。奥运会有那么大的品牌价值？需要花那么多的钱吗？1亿多美元，按照当时的汇率，也就是8个多亿的人民币，花8个多亿在全世界打广告，也应该能达到很高的品牌宣传价值啊，何必一定要拼抢这条赞助国际奥委会的路呢？

后来，我凑巧在北京认识了该企业日本本部的部长，是个日本人，他在中国十几年了，也是个中国通。后来慢慢跟他混熟了，我就向他打听：你们为什么愿意花这么多钱去赞助奥运会？我很想不明白。一开始他怎么都不肯告诉我，总是笑而不答。被我追问得多了，他就搪塞我说：没办法，我们出于品牌宣传的需要，这也是总部要求的。终于有一次，大家喝酒喝多了，我就说你就透露一下好不好？我们这些企业都是些小企业，哪里知道这些事情啊，跟着你学点知识不行吗，你就跟我说一下吧。他说，不去跟国际奥委会合作，你们永远也不会知道这些事情，告诉你吧，赞助国际奥委会，我们是出了1亿美元，成为他们的合作伙伴，但这是最大的商业秘密，我就不告诉你了。在我一再坚持之下，最后他还是说了：这1亿美元的合同是怎么组成的呢？首先，奥运会每四年一届，我们这1亿美元的赞助里，只有30%需要付现金，而且分4年付，最后一笔现金是到奥运会结束后的一个月内一定要付清的；其次，另外40%是产品，开奥运会的时候，需要用很多我们的产品，比如，他们的大屏幕、电视机、电子产品等。只要赞助商有的，国际奥委会需要用的产品，都可以由该赞助企业通过货物的方式提供给他们。最后，也即余下的30%就是服务。平常我们买个电视机的话，从商场买来，还会有厂家来帮你装，费用一般也不会再另算。但跟国际奥委会的合作不是这样，产品是产品，安装是安装，安装也是服务的一种，是可以算到服务费用里的。那么，这30%的"服务"都包括些什么呢？比如，安装的服务，或者说装个程序之类，都要算到服务里面。而且，赛时赞助企业还要组织一个庞大的服务队伍，这也一样算钱，且每一笔钱都要算得清清楚楚明明白白。

重点在个性化谈判

所以说这些东西你如果不是具体去跟国际奥委会谈，你是不会知道的。当然，天底下没有免费的午餐，国际奥委会也会要求你给他们提供一个打包条件之类的优惠，比如在这 4 年里，我可以通过购买你的产品抵扣服务费用等。当然，企业这边也一样可以提自己的条件，比如说，我提供给组委会指定活动或赛事的产品、服务，由于不是走企业固有渠道，而是特别设计的、专供的，所以价格也会比市场价高。所有这些都是大家可以坐下来细细谈妥的。

至于各种回报条件，那就更要细谈了，包括门票回馈、工程项目，等等。这个可以因你的赞助级别、赞助金额的不同而设计相应的个性化回报计划。这些内容，往往在竞争性谈判之外，就像你站在餐厅门口，光看到 A 套餐、B 套餐、C 套餐，大概的内容和价格也都在餐牌上面，但其实你真正进入餐厅吃饭时，完全可以就配菜、点心和酒水等跟老板再议再订。企业和这些国际体育组织的合作谈判，就像对方给你一个套餐，而这个套餐需要你进一步去细谈，比如说给多少张比赛门票，广告位放在哪里，你可以说我不要这个，

| 位于科威特的亚奥理事会总部办公大楼落成典礼上，锐丰音响
为亚洲 46 国文艺演出提供演出器材服务 |

换成另外的什么东西行不行？这里面就涉及了很讲究的个性化谈判。

在这方面，中国的许多中小企业并不知道，也没有多少中国的营销专家真正去研究这些实质性的东西，跟中国的企业讲明白；相反，因为个中商机鲜见宣传，很多所谓的"专家"一知半解，从来没有参加过这类具体的商业谈判，他们只是雾里看花水中望月，只知道单从品牌形象、企业宣传等角度去点评企业参与此类体育营销的成败得失，随意臧否，实在不值一晒。

体育营销傍大款名利双收

在我看来，现在海外市场给我们中国企业提供了越来越多的发展机会。

体育本身在全世界范围里也是个朝阳产业，随着国际奥委会、国际足球联合会（以下简称"国际足联"）等这些国际体育组织的市场开发能力、商业发展计划的不断完善和发展，我们中国企业的产品和服务也价廉物美，如果我们想拓展世界市场，积极地和这些国际体育组织合作，既可以得名，提升品牌、提高企业形象美誉度，又可以得利，提振销售和业绩，何乐而不为？从我这几年亲身参与和看到的例子，国内少数一些能抓住机会和这些国际体育组织合作的企业，基本都实实在在赚到了钱，关键得看你怎么去理解和操作。

所以说，千万不要去相信某些书上的东西，特别是某些所谓"专家"道听途说总结出来的观点。体育精神，重在参与，跟这些体育组织合作，

| 雷士照明成为亚奥理事会照明合作伙伴，我和亚奥理事会总干事侯赛因的合影 |

万事皆可谈，只要你主动去谈，就会有机会。我知道的国内某企业，2011年参与了一个国际体育组织的赞助竞争，它出了10万美元，拿到了在某个产品领域的独家赞助商的资格，但在签订的这10万美元的赞助合同里，因为经验不足，企业谈到的条件不太好，就是一半钱一半货，没谈服务这一部分。但在这10万美元的赞助里，除了得到品牌宣传、企业形象提升的机会，还拿到了3个火炬手名额，也拿到了10张开幕式的票，10张闭幕式的票，5间酒店豪华套房的住宿机会（由大会另一赞助商提供），更关键的是，它拿到了一份价值240万美元的工程合同。

像国际奥委会、亚奥理事会、国际足联、亚洲足球联合会、国际排球联合会等这些国际体育组织，经过这么多年的发展，已经各自形成了一个比较完整的市场开发和回报计划，只有深入接触，才能深入了解。但我们的许多中小企业，往往缺乏自信心，缺少这方面的知识，特别是听到或者看到一些所谓的营销专家随便下的决断——某某企业赞助某某活动费钱不讨好、对企业品牌提升收效甚微，或者说付出与回报不成正比之类的结论。这种舆论误导，很容易让许多就缺乏这方面经验的中小企业更加缺乏寻求和国际体育组织合作的动力和积极性。

目前，随着各种国际体育组织的市场开发能力越来越强，往往一个体育盛会，争取赞助机会的企业也会挤破头，作为后知后觉后至的中国企业，更加要抓住各种机会，争取熟悉和加深对各种合作游戏规则的了解。在深入了解的基础上，才能因地制宜地理出适合自己企业的一个完整思路，才有可能针对竞争对手去打一套更有针对性的组合拳，争取到属于自己的合作机会和空间。事实上，经过这些年和许多大型国际体育组织的亲身合作和了解，我认为，对这些国际伙伴而言，他们会更看重你能否提供更好、更完整的计划和更优质的服务，而不是谁出的钱多就给谁。

阿迪达斯的奥运会生意

　　最近，不少国内营销专家对伦敦奥运会赞助商关于市场开发投入和产出的现象侃侃而谈，窃以为他们大多只是站在粗浅的层面上说话。作为对国际奥委会较为了解的企业参与者，我对此有不同观点，在此与大家分享一二。

　　伦敦奥运会市场开发的收入达到了 60 亿英镑。1984 年洛杉矶奥运会开始允许私人赞助，这揭开了现代奥运会营销的序幕，而且也开创了每一届奥运会市场开发收入都会高过上一届的神话。这几年见过几次国际奥委会市场开发委员会主席杰哈德·海博格先生，浑身上下充满商人气息的他，对中国体育营销的了解比很多国内的大师们都要深刻。

　　作为 2012 年伦敦奥运会及残疾人奥林匹克运动会组委会指定的一级合作伙伴及官方运动服装合作伙伴，全球第二大运动服装与设备制造商阿迪达斯集团（以下简称"阿迪达斯"）获得了 2012 年伦敦奥运会的营销权和特许权。同时，阿迪达斯也是伦敦奥运会最大的赞助商。阿迪达斯凭借国际奥委会的 TOP（最高级别的合作伙伴）赞助商的地位，按照《奥林匹克宪章》利益共享原则，它自然过渡为伦敦奥运会的 TOP 赞助商。即使每一届奥运会结束后，都有运动品牌想取代阿迪达斯成为国际奥委会的赞助商，包括阿迪达斯一直以来最强有力的竞争对手耐克公司，但阿迪达斯享有优先谈判权，除非它放弃。

据公开媒体报道，阿迪达斯给伦敦奥运会的赞助费用将近 1 亿美元。但我个人认为阿迪达斯应该已经收回了全部投入。根据奥运会市场开发游戏规则，阿迪达斯为伦敦奥运会最高级别的合作伙伴，英国奥林匹克协会和英国残疾人奥林匹克委员会的全套运动装备，为奥运会官员、伦敦方面工作人员和志愿者提供的服装都要使用阿迪达斯产品，他们也有权在伦敦奥运会比赛场馆和运动商店出售带品牌或无品牌的运动装备。按照赞助 3:4:3 的谈判比例，即 30% 现金、40% 产品、30% 服务，把赞助里面 40% 的产品抵扣完后，他们将向阿迪达斯购买。

在奥运会期间，伦敦奥委会的货物存放点散布于整个英联邦国家。当然，阿迪达斯也在所有比赛举办地设立服装存货点，并派志愿者全程服务，以确保赛事顺利进行。按照伦敦奥运会的规模，参考前几届涉奥服务人员的统计数据，伦敦奥运会的涉奥人员应该在 23 万人以上。所有人员都应该配发两套服饰，大家可以简单计算出一共需要多少阿迪达斯服饰装备？由于阿迪达斯专为伦敦奥运会订制产品，包括帽子、整套衣服（包括外套）、鞋袜、包等，所以价格一般会高出市场价 30% 以上。阿迪达斯对奥运会收费除服饰装备外，服饰的设计、赛时服务都是要另外收费的，即使是官员也不能"走后门"。所以，不算阿迪达斯赞助伦敦奥运品牌收益的隐性回报，就单单服装这一项就已经收回投入的 70% 以上。

很多营销专家总是为一个企业参与奥运营销的花费算账，只用品牌行

| 伦敦奥运合作伙伴阿迪达斯享有独家专卖权 |

| 顾客正在阿迪达斯专卖店中选购商品 |

为衡量投入和产出是片面的。国际奥委会 TOP 赞助商数量一般在 11~13 个，伦敦奥运会共有 12 个。回顾北京奥运会，联想集团作为国际奥委会的 TOP 赞助商投入了 6500 万美元，如今想要成为一届国际奥委会 TOP 赞助商的门槛已一跃达到 7000 万美元以上。

国际奥委会前任主席雅克·罗格曾说："奥林匹克运动会组织委员会要保护奥运会赞助商的利益，这是毋庸置疑的。不能让一个企业为奥运会投入很多钱，却什么好处都没得到。"作为国际奥委会 TOP 赞助商，阿迪达斯的回报主要有以下几方面。第一是品牌层面。阿迪达斯可通过国际奥委会平台举办很多活动，比如要求国际奥委会官员出席推广会，并且从签约之日起到奥运会结束后一年内，都可以享受这一权利。第二是公关层面。阿迪达斯成为国际奥委会 TOP 赞助商，可以享受包括奥运会开闭幕式门票、国际奥委会定点酒店提供的优先和低价住宿、志愿者服务，以及免费使用汽车赞助商提供的车辆等系列服务。第三是生意层面。营销专家大多聚焦于前两个层面，只有参与谈判、实施运作的人才知道这一层面。不可否认，阿迪达斯对前两个层面都很重视，但它们无疑在大打生意牌，因为伦敦奥委会也在向阿迪达斯购买产品和服务。

阿迪达斯在每届奥运会任 TOP 赞助商之前，都会出一份详细的市场预测和分析报告。北京奥运会后，阿迪达斯的市场销量猛然提高了 30%~40%。尽管受全球经济萧条的影响，阿迪达斯全球首席执行官赫尔伯特·海纳在市场销量上仍然保持乐观，"伦敦奥运会是阿迪达斯的一次绝佳机会，我们可以展示阿迪达斯致力于帮助运动员们发挥出最佳竞技水平的品牌精神，我们也将借此成为英国这一欧洲最大运动服装市场上的领先品牌"。

这一次，阿迪达斯认为，伦敦奥运会这一顶级赛事将刺激销售额增长，同时受益于快速成长的新兴市场，2012年净利将增长12%~17%，高于此前预期的增长10%~15%；销售额将增长5%~9%。

在极力增强品牌奥运会影响力的同时，我还注意到阿迪达斯控制成本的大动作。通过把厂房从一些国家迁往柬埔寨、泰国、印度尼西亚、马来西亚等劳动力更便宜、生产成本更低的国家和地区，把奥运会影响力和控制成本的双重手段运用得淋漓尽致，我们可以乐观地相信阿迪达斯市场占有率提升17%以上是完全可以达到的。

我相信，阿迪达斯作为奥运会大家庭的一员，让它坚持不懈走下去的绝不止是品牌，还有巨大的声誉。看到生意、尝到甜头，阿迪达斯还会继续和奥运会大家庭一起走下去。

考察接待
——不能不懂的大客户营销细节

中小民营企业大客户营销经验欠缺

2008 年以来，广东省发布了一大批面向民营企业招标的重大建设项目，投资总额达 5000 多亿元。实际上，自 2006 年国务院出台鼓励和引导民间投资发展的"新 36 条"后，中央部委及各地方政府都有所动作，对民营企业投资领域也都在逐步放开，降低民营企业进入门槛，为民营企业参与包括交通、能源、城建等各基础设施领域重大项目提供了越来越多的机会。

随着参与大工程项目机会的相对增多，许多民营企业在做大客户方面经验不足的短板也就更为凸显。特别是很多原来做传统销售的企业，他们之前走的是一般市场渠道，主要靠做广告，靠做大量市场推广来抢占市场。以前很少有机会做这些大项目，所以对于各种政府工程方面的大客户营销经验欠缺。虽然也想极力做好，往往因为缺少这方面的专业人才，把握不好大项目的机会，在日常交流中，我经常会听到一些民营企业老板说起类似的烦恼。

当然，也有很多人以为，要做大项目，做好大客户的生意，无外乎就是喝喝酒、请请客、送送礼，大做公关而已，但其实这是很表面、很肤浅的认识。真正要做好大客户营销，细节很重要，单单就在接待客户参观考察这个看似简单的环节上，是否注意细节很重要，参观考察接待做得好不好，有时甚至直接影响到项目能否做成。就做好考察接待这一环节，可以毫不夸张地说：无处不细节。

按照我的理解，追求细节其实就是对待事情本身的一种严谨态度、缜密安排。

考察接待要做好完整预案

做大客户营销的这些年，我发现在谈项目之前或者谈项目的过程中，客户经常会选择来你的公司考察。很多人不太注重这个环节，但其实这是项目能否成功拿下的很关键的一环。实际上，在这种考察过程中，客户对你的企业的实力、整体印象，对你的生产、管理流程都会有一个很重要的初步认识和判断，进而影响合作能否达成。所以说，在这个环节中其实必须要有一个完备的预案，做好接待参观考察的安排，其内容甚至要具体到什么时候接人、什么人去接、接到人以后是先到公司还是先安排到酒店休息、接机行程所需的时间长短、旅途劳累程度如何、次日交流会或者座谈会安排谁来讲话、是主题发言还是回答提问等，这整个流程都要设计好。

细节一定要严谨，要做到连门口的欢迎牌上"热烈欢迎××领导一行莅临指导"这么几句话，都要写到位，千万别漏掉"领导"后面"一行"这两个字，道理很简单，如果只有"××领导"，其他跟着一起来的人中也许就会有不高兴的、在心里犯嘀咕的了，觉得没有受到企业的足够重视。所以说，不管公司是大是小，在接待大客户的时候，最好能有个完整的预案，力争把很多细节做到位。

而且，事先做好接待预案，可以方便对方工作人员确认，对方确认了以后往往也能避免己方注意不周的地方，不会手忙脚乱。客户方哪一层级的领导要来、哪一层级的领导陪同，己方应该由哪个层级的领导出面，哪位负责讲话等问题都要妥善安排。有时候，往往一个大的工程项目，业主单位也有多个，这其中除了大业主，还有其他业主单位成员。接待一个项目考察团，必须要仔细提前研究一下考察团的人员构成、背景，每个人的级别、职务都要了解得清清楚楚。谁是大业主、谁是二业主，更要分清。有一次我们就吃过工作做得不够细致的亏。当时接待一个项目代表团来参观，整个接待过程我们都做得很好，但偏偏还是搞错了一点，把考察团里排行第二的业主单位当成了最大的业主，接待参观过程中都以他为主，却把大业主给冷落了，把人家气得够呛我们还不知道。最后，这单生意自然做不成了。所以说事先了解清楚考察团背景、成员背景，才能有的放矢，有备无患。特别是，往往参观考察过程中会举行座谈会或技术交流会，事先了解清楚代表团每个成员的专业背景，对他们每个人可能会提的问题就会做到心里有数，不至于被问倒或考倒。其实，每次客户考察对于企业来讲都是一次商机，组织最好的技术力量，做好应答准备和预案，非常重要。这件事情如果组织得不好，造成的后果一是没面子，客户会觉得你技术力量不行，不如竞争对手专业；二是认为你不够尊重他们，敷衍应付。事实上，也确实有很多公司会认为自己是个大公司、大企业，有时候对于相对较小的客户，潜意识里容易有轻慢态度，不在意这个事情，而客户对此会很敏感，觉得你企业太大，看不上我们，既然得不到认同感和尊重，那生意也就没必要做了。

纪念品要做出特色

对于一般大客户来考察，考察完毕时给每个人送一本公司的资料介绍和一件小纪念品，这是现在很多公司企业都懂得做且比较普遍的了，但有没有真正从细节上去把这个纪念品做好，却很考验功夫和心思。我留意过很多企业送给客人的各种纪念品，其中不乏做得好的，但更多的却流于俗气或特色欠缺。

我个人认为，作为考察赠品的小纪念品既不能价格太高、和腐败沾边，但又要是真正有特色、和你的企业关联度很高、真正能够突出企业或产品的特点、能够让人一下子记住你的纪念品。这种纪念品，不是随便去礼品市场上能够买回来的，订制之前需要精心设计。像以前我所在的音响企业送的小纪念品，就是一个音响效果很好的小 MP3，造价不高，外观简洁，但上面印了公司曾经做过的许多知名项目的标志，客人一拿到手，印象深刻。事实上，大家也知道，赠送纪念品本身，就是企业一个很好的宣传推广手段，精心做好这种传播，要达到让对方记住你的企业特点的效果，并不是随便做个金币当纪念品就能达到的。

接待过程——无处不细节

实际上，整个考察接待的过程都是由一个个细节构成的。如果接待的人不够细心，比如在酒店房间的安排上，需有主次轻重之分：哪些是套间，哪些是标间，哪些是双人间，哪些是单人间，绝对不能安排错。印象很深地记得三年前，有个客户一见面就和我大发感慨，觉得某企业不行。原因很简单，前一天他们过去考察，该企业在安排客户住房时，工作人员把房间分错了，把原来应该给客户A的房卡给了客户B，把客户B的给了客户A，而客户A和客户B的级别不同，房间安排本来就有区别，且每间房都放了果篮，果篮上写了各自的名字。客户A和客户B看到后都觉得不高兴，认为这个企业做事不严谨，小事都做不好，大事怎么能成呢？其实在我看来，这个竞争对手企业，也是规模较大的一家企业，但偏偏就失分在这么个小细节上。

还有一次，我们公司安排了参观，因为我不在，负责的同事又觉得来的是小客户，有点儿无所谓，所以虽然做了相关安排，但却没有足够重视，最后带客户去试音室参观的时候，工作人员居然因为记错时间，临时上厕所去。他不仅锁了试音室的门，而且没带手机，害得大家着急得猛打电话，打了十五分钟也没找着人，最后客户甩下一句话："算了算了，不看了不看了"，说完就很生气地走人了，项目自然也就没有达成。这不能怪客户，人家觉得你这个企业太不尊重人，自然是这样的结果。事后，他们跟别的客户交往时说起我们还很不屑：这公司，什么玩意儿啊！所以说，细节不注意，不仅仅是得罪了一个客户，失去了一单生意，还要连累公司的美誉度受损。

学会向政府部门偷师

其实，在迎来送往的这类接待事情上，许多政府部门是最专业的，就连领导上下车，哪个先上哪个后上，都很有规矩，几乎从来不会搞错。所以说，要做好大客户的考察接待，可以向政府部门学习，特别是这方面经验比较欠缺的中小民营企业，更有必要补上这一课。当然，大型民营企业在这方面做得好的也不少，像我多年前参观过的华为，他们那时就开始做每单几千万的工程项目生意，所以在大客户接待方面早就形成了一套自己很成熟的流程，把整个过程方方面面的细节都考虑得相当周到。

不过，不得不认"宿命"的一点是，和大型企业相比，特别是和各类国有企业比起来，中小民营企业的老板始终得更苦更累些，很多东西不能不亲力亲为。就单单说考察接待这件事，国有企业领导是亦商亦官，再不怎么说也都会有级别之分，在某种程度上还可以和大客户按层级"对等"的原则安排接待；但对于一些中小民营企业来说，不管是总经理还是董事长，什么行政级别都没有，没法生搬硬套国有企业"对等接待"的做法。不管政府部门来的是什么层级的官员，只要稍微上个层次，都只能辛苦自己，亲自出面，亲自接待，唯有这样，人家才觉得你足够重视，才觉得你有诚意。作为在民营企业工作多年的职业经理人，我这么多年来做大客户营销，接待的参观团、考察团数都数不清，虽然很多时候手下的员工都已经把预案做得很好，准备也很充分，但每次我也总会不厌其烦地亲自把接待流程理一理、过一过，只要有时间，都会把客户第二天到公司要参观的路线亲自先去走一遍。事必躬亲也许并非优点，但却已经成为我的习惯，没办法，因为我深知——细节决定成败。

中小企业缺少"奥运精神"

因为锐丰音响参与了 2008 年北京奥运会鸟巢的音响工程，平时跟一些中小企业老板聊天的时候，经常会听到他们发出感叹：锐丰音响参与了这么多国际赛事很不错，很了不起！而且，他们除了表示羡慕，还总是感叹自己的不足，当我说"你们其实也可以尝试"的时候，我从他们的回答里，听出的经常是一种不自信。

其实，在我看来，参与各种国际大型活动并非大公司、大企业的专利，中国的中小企业更需要借助这些机会来提升自己的品牌，成就自己的梦想，锐丰音响的成功案例应该能够给大家一个鼓励：参与了、努力了、成功了！希望更多的中小企业能够一起投身到各种国际大型活动当中，把自己的品牌迅速做大做强。

"我的企业很小，国际性赛事很大，这些国际大型活动我是无缘参加的。"其实，这些理由是缺乏参与精神的表现，老是觉得自己的企业太小，没有信心，这种最普遍的心理也是阻碍大家积极行动的最大障碍。其实，在我看来，就像"奥林匹克精神"的核心一样——重在参与。我们参与了不一定能成功，但不参与绝没有任何成功的机会。

人们都说只有下到水里，才能学游泳；只有呛过水，才能真正会游泳。要知道，只有参与到国际活动招投标竞争过程中去，才可能了解里面的整个流程，了解相关的方方面面。甚至其中一些程序性的东西，也需要你真正去参与，才能摸得清其中的道道。而这些就算是失败了的经验，也将有助于你下次参与同类型活动的竞争。

其实，就我自己参与了好几项大型国际赛事活动项目的运作经验来说，很多国际大型赛事活动的具体赞助方案就好像我们去西餐厅吃饭一样：门口虽然摆着餐牌，但如果你不进到里面去，你看到的仅仅是外面的简单餐牌，具体A、B、C、D套餐和各种套餐的主菜、配菜、餐前酒、餐后甜品可以怎么混合搭配，还可以有些什么特别要求，就不明就里了。

很多人一开始去了解、参与这些国际赛事的时候，只会简单看到组委会提出的要求——需要赞助多少钱，需要什么样的支持。其实，千万不要轻易地被高门槛所吓倒，要知道，越过这道看似很高的门槛的同时，往往就会找到你的商业利益之所在，重点在于你要会分析、会发现。

事实上，企业参与赞助与否的关键就是对于国际赛事活动整体、全面的评估。天下没有免费的午餐，当企业参与这种大型国际赛事赞助的时候，一样也要讲回报，这种回报的具体体现，则需要有一个很清晰的目录，大的原则基本就是：你的赞助金额是多少，你的回报就应该有多少。具体来说，在这种全球性的大型赛事谈判的时候，一般都会有竞争性谈判和个性化谈判，即便你在竞争性谈判中未必占优势，但你仍可以在个性化谈判的时候，通过寻找自己与竞争对手之间的差异，摸准主办方的需求特点，有针对性地列出你的全部条件和要求。所谓"打蛇打七寸"、"四两拨千斤"，谈判过程其实也像比武，千万不要妄自菲薄，不要害怕跟国际公司叫板，只要招数使得好，西洋拳一样轻松倒在咱们的太极拳手下。

总之，参与其实就是积极主动寻找商机的一个表现。抓住机遇，就要快、准、狠！

有了参与的冲动和念头，跟着需要的就是比赛精神。

大家可以看到，在体育竞赛里，各国的比赛团队经常都会让年轻的运动员参与赛事，因为只有年轻的运动员投身到比赛当中，才能不断成长，积累经验，提高技术，培养良好的竞技心态，以期用经验弥补技术的不足。与此相似，我们的中小企业也应该更多地直接积极参与各种国际大型活动，才能检阅品质、锻炼队伍、积累经验。

只要有这种学习和积累的态度，即便最后做不成，你也可以了解这个游戏规则，可以通过这次的参与为下一次机会做准备，为下一次的成功积累经验。就像我自己做人做事：当我想好要做一件事的时候，我就会去做。因为我知道，如果我不去做，我会后悔一辈子；如果我做了，就算做不成，起码我参与了，我也知道自己的问题在哪里。

当然，只要不到最后的关口，既然参与了，你就要有赢的信心，要有"亮剑"的精神。

现在好多中小企业缺少赢的信心，总觉得自己实力不足，总觉得自己还没达到这个境界。但是要知道，就像前面说的，只要参与了就有机会，而且，只要有赢的信心，你就会比别人更能坚持，只要决定了，认准了，就要做下去，这种坚持不懈、敢于直面竞争的做事态度比什么都重要，就好像《亮剑》里面的李云龙所说：跟对手相遇的时候，要敢于亮剑，这就是所谓的亮剑精神。赢的信心就是——决定要做了就一往无前地坚持做下去。

要有这种赢的信心、要获得这种坚持的动力，当然背后需要有强大的支持，这种支持就是要有伟大的梦想。就像锐丰音响，这些年能够不断地突破自己，能够从全运会做到奥运会，能够不断开拓国际市场，就是因为我们企业有一个梦想：成为一个国际品牌。

我个人觉得，中国的中小企业还是普遍缺乏伟大的梦想。而对我而言，不管是企业还是个人，都需要有追求、有梦想。有梦才有明天。

如果当初锐丰音响和其老板王锐祥没有一个伟大的梦想，这个企业是不可能吸引我加盟的。没有梦想和追求的话，怎么去前进？怎么去寻找新的空间呢？所以，梦想是支持我们创新的原动力，也是激励我们前行的最大动力。

当然，要成为国际性的品牌需要时间积累。我认为，积极主动参与各种国际性的赛事和活动，也正是许多有实力的中小企业建设国际品牌的一条捷径。在某种程度上，它将能够大大缩短我们成为全球品牌的时间。

战场上，士兵要成为将军靠的是不断的战功积累；商场上，企业要成就大品牌也得靠一个个的成功案例。只有勇于参与，坚持学习，怀抱着必赢的信心和追求成功的梦想，这样的"奥运精神"才能成为我们的制胜法宝。

参与国际竞争，你懂"规矩"吗？

2012 年的伦敦奥运会，这个巨大的市场对全球的企业充满了诱惑。特别是对于 2008 年刚刚参与了北京奥运会的中国企业来讲，伦敦奥运会是一个继续创造辉煌的大舞台。如果说众多的中小民营企业参与了北京奥运会是首次将自己的实力展示给全世界，那么伦敦奥运会将会让这些参与其中的中国企业在真正意义上成为世界品牌。

因为伦敦奥运会的关系，我在会前不久到英国伦敦参与奥运会的工程项目的商务谈判，并且开展了品牌推广活动。在跟英国的一些企业管理人员、中介机构和其他许多人沟通交流的过程中，我深深地感受到了东西方的文化差异，以及由此所产生的大家对企业运营和管理方式的不同理解。

当时很多中国企业也都在积极寻找参与伦敦奥运会的机会，大家的往来也很频繁。但我发现，不少英国人对中国企业和中国人持有某种偏见：中国的企业很有钱，中国人举办奥运会很成功，但是中国人没有"规矩"。

怎样让中国企业更懂"规矩"？怎样更好地去适应国际化竞争？

从伦敦回来后，这两个问题一直让我思考。在总结了跟英国公司合作投标伦敦奥运会项目的经历，以及目前所取得的一些成绩之后，我在这里与大家一起分享几点。

利用中介公司融合文化差异

由于地域和人文环境的差异，中国企业和英国企业对很多事情都有不同的理解和看法，加上中英的法律、政策和制度的不一样，造成在参与国际项目工程招投标的方法与流程上也有极大差异，而一些中国企业却偏偏

| 向伦敦奥组委投标后，我和技术官员在一起 |

喜欢拿在中国的那套成功经验用在国际竞标上，结果往往事倍功半。像有一家做座椅的中国厂家在伦敦成立办事处，总经理亲自坐镇指挥一年多，至今未能成功打进一个奥运会场馆。这个总经理常挂在嘴边的一句话就是"中国奥运会场馆我们都进了，伦敦奥运会我们没有理由进不去"，但事实却证明，用国内参与竞标的经验去参与国际竞争，往往是以失败告终。

事实上，在英国，有非常多的业务中介公司，这些中介公司在中国这个特殊的市场环境下是没有市场的，但在伦敦却扮演着非常重要的角色，对于很多想进入英国市场的外国公司，这些中介公司是最好的"本土化"帮手。

因此，中国公司在当地选择一家好的中介公司尤为重要。因为中介公司对于当地的法律、文化和规章制度等都有很深的了解。而这些方面的知识，正是刚踏进英国的中国公司最为缺乏的。一家好的中介公司能帮我们迅速地融合这些差异，帮中国企业补上这一课。

了解当地企业文化

要做好沟通交流并达到合作，我们还要充分尊重中西方文化差异，以及大家对工作生活的不同理解。

在英国，从管理人员到普通员工，在上班的时间都会很认真地工作；但是在下班后和节假日里，他们都会把手机转到秘书台或者办公室，把工作和生活分得非常清楚。比如和我们合作的中介公司，这是个只有 8 个人的小公司，老板曾在跨国企业作为高管工作了30多年。由于公司创办了只有一年多时间，业务刚刚起步，赚到的钱刚刚能维持公司的运作，所以他总是很勤奋地工作，服务起客户来也很卖力，而这也是我选择他作为伙伴的主要原因。按说像我这样的客户到了英国，他应该全程陪着我。但一到周末，他就告诉我，周末他将离开伦敦，坐3个多小时的火车回家去陪家人，要周一才能回来。工作以外的时间要留给家人，这是他多年的习惯和对家人的承诺，即使他正在创业也不能改变。

相比之下，中国企业总是过分地强调任劳任怨、加班加点这样的"全身心、全天候"的工作精神，大家的思维方式完全不一样。

所以，我们中国的企业要参与伦敦奥运会，一定要对当地的工作习惯和文化生活习惯有深入的了解。只有这样才能融入他们，才能更好地进行商业活动和品牌推广。

做事一定要有计划性

虽然我们有"成于思毁于随"的古训，但实际生活经验告诉我们，中国人在做很多事情的时候没有计划性，而且这种没有计划性的习惯几乎成了中国人的天性。

以请客吃饭为例，中国人请客吃饭的正常习惯是提前两三天打电话预约，或者是早上预约下午吃饭。但是英国人的习惯跟我们不一样，正式的商务宴请预约往往要提前几周、一个月，甚至两个月的时间。所以去拜访

| 伦敦奥组委投标留念 |

一个客户的计划就要提前一两个月确定下来。在伦敦期间，我就犯了好几次这样的错误：在和中介服务商进行业务沟通的时候，我一听到项目的关键人，就习惯性地马上提出在今晚或明天安排和关键人见面的要求。中介服务商马上告诉我，这是不可能的，而且对方也会拒绝，如果我有意向，他们可以预约对方，但会是一两个月后的见面安排。

严谨和充分的准备

很多中国人在做一件事的时候喜欢简单地、轻易地去做一些决定，而在方案实施的时候喜欢临场发挥、随机应变。但这种方式跟英国人的严谨作风却是背道而驰的，在英国人的管理模式中，充分的准备工作是对对方的尊重。而且在约对方的时候，都会有时间要求。如见面聊得开心就一直聊下去这种情况，对英国人来讲是不可能发生的事情。所以在英国进行商业谈判之前，我们应该做好充分的准备，例如，企业宣传片、推广物料等公司资料，包括完备的方案讲解PPT，以及准确的资料翻译等，都是非常重要、不可或缺的。由于中英两国人对英文的表达和理解有所不同，在给英国人资料的时候，建议一定要请一个英国人来帮你翻译和指导，这样对于让英国人了解你的公司、了解你的方案至为关键。

那次的英国之行，让我对于参与伦敦奥运会有了全新的认识，通过了解英国人的工作方法和思维方式，更坚定了我参与伦敦奥运会的信心。奥运会的核心思想就是参与精神，中国企业参与伦敦奥运会首先要有参与精神，要知道企业规模的大小并不是能否成功的最主要因素，寻找到好的合作伙伴也能让我们有成功的希望，他们会让众多渴望参与伦敦奥运会的企业决心落地，进一步加强了解和熟悉英国人的文化，也可以让我们更好地融入他们的世界。

以上是我此次伦敦之行的一些小心得，希望对有志于参与竞争奥运会项目的中国企业有所帮助，同时也渴望有更多的中国品牌和我们一起去参与今后的各界奥运会。"无与伦比"的北京奥运会已经告诉了世界，中国人是行的，中国品牌已经具有走向世界的实力。

差异化营销，从一家小茶馆谈起

"营销制胜"是很多市场中人都经常挂在嘴上的话题，在这个信息爆炸且流动近乎"无障碍"的现代网络社会，虽然"一招鲜"已经不见得能"吃遍天"，但保证自己与众不同的营销方法始终是获得成功的不二法门。

最近，我与广东东莞的宏泰照明科技有限公司的董事长吴飞先生去喝茶，就发现了一个让我印象深刻的茶馆。这家茶馆位于东莞的旗峰山艺术博物馆里，其所在地段不算很繁华，而且进去之后，停车非常麻烦，费了差不多十分钟才停好，我差点不想进去了，想换个地方。但进去消费了才发现，比起其他很多地方的茶馆，这家茶馆不仅独具特色，生意非常好，而且也给我留下了深刻印象，禁不住向朋友推荐。

为什么这么一个选址位置不是特别好、面积也就只有400多平方米的小茶馆的生意会这么好，而且还能让我如此推崇备至？细细体察之下，我发现这个茶馆经营所走的差异化营销之路实在令人叫绝，给人启发。下面我就从其选址、经营定位等方面来细细分析一下。

首先，差异化的选址造就了这个小茶馆成功的第一步。具体来说，这个茶馆位于某大酒店旁的一家私人艺术品收藏馆里，收藏馆里面陈列了很多红木家具和字画文物等。虽然其选址有上面说到的处于非繁华地段、停车不便等劣势，但是，拥有收藏馆的艺术氛围，此茶馆基本是排他性的独此一家。不过，大家也都知道，就算在广州、上海等一线城市，热衷于高雅文化消费的人群也不会特别多，而类似东莞这个曾经被戏称为"文化沙漠"的二线城市，喜欢到艺术馆的人群肯定就更"小众"了。从这个角度来说，如此选址是要冒一定经营风险的。但是，事情的另一面是，正是跟很多开在繁华路段商业气氛浓厚的茶馆不一样，这个小茶馆既然开在艺术品收藏馆里，自然就跟文化扯上了关系，彰显出了浓厚的文化气息，而这恰好迎合了高端消费者的品位诉求：在艺术馆里面喝茶谈事，能获得地位、品位与众不同的感觉。因此，这一选址，基本就是摆明了必须与一般茶馆面向大众的取向不同，笃定是面向小众、高端人群。

其次，其经营手法也很特别。最初我跟吴总过去的时候，吴总说："喝我留在这里的茶"，我很诧异："你怎么把茶留在这里了？""你不知道，这里卖茶的营销思路跟别处不一样。你来这里喝茶，茶叶是非常贵的，三四个人喝茶没有2000块钱是喝不下来的。"

茶客在这里买茶后不用拿走，可以把茶叶寄存在这里，下次来喝茶的时候只需要付每人35元的服务费。对比起这里三四千元一斤的茶叶来说，这样的价格就是九牛一毛。这跟北京、上海等大城市的红酒庄或专门的红酒吧的营销方式异曲同工。

高昂的价格让想随便找个地方喝茶的人望而却步，但却正如我前面分析的，对于具备高消费能力的成功人士来说，这个价格基本不是问题。而且，这里卖的茶叶都是经过重新制作和包装的。如普洱茶，一般的茶馆都是从一个大大的普洱茶饼上用茶刀开茶，之后再泡。但这里是进货之后把茶饼揉碎，重新压成像巧克力块大小的小茶饼，这小茶饼一块就是一泡茶。小茶馆把茶叶重新包装制作，让茶客觉得经营者花了很多心思，而且茶艺师还会告诉茶客这里的茶重新制作的时候会把里面的污垢、农药残留都全部清洗干净。我们姑且不论这个是不是真的、有没有用，但是它既满足了现代人对于饮食健康卫生的诉求，使大家喝茶喝得安心之外，同时也满足了对高端消费者花钱买服务、花高价买优质服务的消费心理需求。

实际上，高端消费者往往也是更精于计算和讲求物有所值的，虽然这种"值与不值"的体现，往往未必是实物，而是一种服务和满足。说到底，它抓住了许多现代商务人士的心理，为需要商务应酬的成功人士营造了一个既清幽高雅又体现文化品位、个人品位之所在的环境。

再次，茶楼中泡茶的服务员也就是茶艺师，这里的也和别处的不一样。可以毫不夸张地说，这里的茶艺师是我在其他各种茶馆中所见过的最好的。很显然，她们都是经过千挑百选的，个个都眉清目秀，清雅脱俗，年纪二十出头。当茶客一进茶馆，她们的笑容就会给你如沐春风的感觉。她们始终面带笑容给茶客一边泡茶、一边介绍茶文化，让你觉得来这里喝茶还真是一种享受。

茶艺师身穿的旗袍都是经过量身定做的，穿起来非常得体。从面料上估计，这身衣服起码都得上千块，品位不凡。这比起其他茶馆中着一身"工作服"的茶艺师给人的感觉就高出了好几个档次，可以说，茶艺师的着装也成了服务的一部分。

实际上，我相信这个位置的租金应该不会太贵，这里的茶叶也未必就真是特别名贵的茶，但经过重新制作之后，其身价倍增，兼之对茶艺师的选择上不惜工本，也把环境、茶叶和服务都很好地融为了一体，营造出一种高端、不俗的气氛。

最后还有一点特别让人称道的是，这里的茶具——茶杯、茶盘也都不是大路货，非一般茶馆里的可见之物，可以看得出来这都是老板在外面煞费心思选购回来的。就拿这里的茶盘来说，它们是用紫砂做成石磨状的，非常有特色。这个东西我估计也许在江苏宜兴的造价仅需几十块钱一个，但由于其独特的品位，这么有特色的东西在这里会让人产生购买的欲望。如果茶客想买，这里的服务员就会介绍说"先生，我可以卖一个给你，1500块钱一个，打8折"。

普通消费者肯定会觉得这样的价格太昂贵，但就像我前面提到的，在这里消费得起的人群，往往都是有钱人，所谓"千金难买心头好"，只要看上了，价钱不是问题。而且，在这种氛围下，你会觉得买一个这样的茶具放在办公室或者家里喝茶，也是一种很好的享受，有把这个茶馆的高雅氛围带回家的感觉。据我观察，很多茶客还真抵挡不住这样的"高雅"诱惑，都会买一两件茶具回去。老板看似随意的这种"顺水推舟"的销售手法，相信也能给茶馆带来不少额外利润，令人佩服。

别人开茶馆，你也开茶馆，跟着别人屁股后面跑是没有好结果的。人家比你大，你跟着别人搞——拖死；人家比你小，你跟着别人搞——没前途，所以说，差异化营销始终是王道。开茶馆尚且如此，对于许多企业来说，如果总是跟在别人的销售模式屁股后面走，只会是一条死路，只有有自己的特色，有自己明确清晰的市场定位，走自己的路，形成自己和别人的差异化营销，你才能成功。

打进鸟巢

2008 年北京奥运会过去已经多年，但对于我来说却历历在目，仿如昨天。每当我面临挫折，如在竞争激烈的某个项目中遇到困难，就会想起当初拿下并承建奥运会主场馆国家体育场鸟巢音响项目的经历，以此激励自己和自己的团队，并重燃斗志——看似不可能的任务我们都能完成，还有什么困难能够难倒我们呢？

关于奥运会鸟巢音响项目的成功夺标经验，我们也曾经应邀到一些地方讲过课，略略说过一些，现在回头再看，觉得其中值得总结的经验和心得并不少，在这里梳理一下以供大家交流和分享。

敢想敢干

有句话说"心有多大，天地就有多宽"，在某种意义上，我是十分认同的，对于个人如此，对于企业，亦如此。

　　锐丰音响曾经是一家并不起眼的民营企业，可以说，正是在做了奥运会鸟巢的音响项目之后，其知名度、美誉度开始直线上升，才开始得到大家的关注。但是，要在强手如林的国际公司的激烈竞争中脱颖而出，成为鸟巢的独家扩声系统供应商，这对于当时包括锐丰音响在内的所有国内音响企业来说，几乎是不可能完成的任务。所以，我们是第一家到国家体育场有限公司报名参加扩声系统投标的公司，也是直到后来参与投标的唯一一家中国公司。

　　在说起参与鸟巢的音响项目投标之前，有必要说说国内专业音响及锐丰音响的发展历史。近十几年来，和家庭音响市场逐步从繁荣走向衰落不同，随着社会经济、文化的进步和发展，以电影院、会议室、体育场馆等

| 锐丰音响成为鸟巢音响供应商的签约仪式 |

为市场对象的专业音响行业一直在不断壮大，广东整个专业音响行业在全国占据了约 2/5 的市场份额。

创立于 1993 年的锐丰音响，以代理 JBL、Bose 这些著名的国际品牌音响产品起家。后来，随着社会娱乐产业高速发展，国内低端的专业音响市场也开始有市场需求。借此东风，在 1995 年，锐丰音响创立了自主品牌 LAX，开始走一条代理与自主品牌同时发展的道路。

锐丰音响的掌舵人王锐祥当时的发展思路就已经很清晰：锐丰音响拿到了 JBL 等国际品牌在中国的总代理权，利用高端品牌在中国建立起的渠道来卖自主品牌，用高端进口品牌取得的利润发展自己的国产品牌！正是在这样的思路引领下，锐丰音响一步一个脚印地走了过来，企业也不断发展壮大。

但是，如何发展好自己的自主品牌，真正做出响亮的品牌效应？专业音响行业与别的行业不同，做再多的广告都是徒劳，只有经验、成功案例才是别人（业主单位）认同的关键。所以，从 1997 年开始，锐丰音响就陆陆续续有意识地争取到了不少有分量的项目，其中包括国务院会议室等一些中南海的工程。到近几年，锐丰音响已经开始做人民大会堂、中共中央宣传部的一号楼、最高人民法院的大小审判庭、故宫博物院的公共广播等有影响力的项目；奥运会后，更是做了 2009 年、2010 年春节联欢晚会、国家大剧院等的项目。当然，这是后话了。

而正是以上一系列成功案例奠定了锐丰音响品牌最初的成长。当锐丰音响参与在南京举办的第十届全运会开闭幕式工程，并成功中标后，企业的发展似乎进入了一个瓶颈，品牌形象的提高更是需要有一个突破。就是在这个时候，奥运会鸟巢扩声工程进入了我们的视野。当时，正是我们信心满满的时候。因为在以前的所有全运会中，都从来没有用国产设备做过开闭幕式的先例，而且，基本所有国内大型体育场馆用的都是进口设备。第十届全运会的成功，也使我们坚定地认为，鸟巢项目正是锐丰音响继续向前发展突破的良机。

作为奥运会的主会场，鸟巢还肩负着承载开闭幕式的重任。即使只有1亿观众，每个人只值1块钱，我们的品牌也得到了1亿元的广告价值。我们认准了，鸟巢绝对能使品牌得到飞跃。认准了机会，下定了决心，锐丰音响便开始行动。

可以说，当锐丰音响宣称要进军鸟巢时，在行业内引起的反响夸张点儿来说几乎可用"石破天惊"四个字来形容。因为其时参与这个国际公司强手云集的竞争，对于国内众多音响企业来说是想都不敢想的。他们都认为锐丰音响疯掉了，居然想吃下这块不可能吃到、但实际上大家也都垂涎三尺的肥肉。当时的锐丰音响也几乎成了行业内的笑柄。

记得当时有11个进口品牌，而锐丰音响以唯一的一个国内公司、国产品牌参与投标。面对这些国际集团军，我在讲课时都经常笑着向大家形容，当时自己的感觉就像八国联军来了，准备瓜分鸟巢。其实，当时不仅外部对锐丰音响的举动质疑如潮，即便是在公司内部，在参与竞标之初都发生过一个令我一直很感慨的小插曲。有一天我上洗手间，无意间竟听到同事在讨论公司投标鸟巢工程的事，当谈及公司中标可能性的时候，其中一名同事说："老板都是神经病，中国人干'鸟巢'，起码还要20年的时间才能成功。"

但偏偏我就是那种敢想敢干、喜欢迎接挑战的人，质疑越多就越是坚定了我一定要去干的信心。我到现在还喜欢开玩笑，当时的我和我们的董事长王锐祥就像清兵一样，胸前挂着个"勇"字，满怀豪情壮志，勇往直前。王锐祥有一次喝多了酒，还感慨万千地跟我说，如果我的儿子长大了以后问我：老爸，你做一辈子音响，中国办奥运会的时候，你曾经做了什么？王锐祥说，如果鸟巢的音响项目拿不下来，我以后就会无言面对。

向竞争对手学习

决心下了，军令状也立了，但真正进入运作阶段，还是面临着重重困难。虽然锐丰音响已经在中国通过无数的案例建立了自己第一国产品牌的地位，但是与国际同行相比，还是有一定差距。而且中国可以说是以举国之力来办奥运会的，为奥运会开闭幕式而准备的奥运会主场馆鸟巢，可以说也是当时全世界体育场馆扩声的最高点，各大国际公司也都对此虎视眈眈、志在必得。

相对于这些环伺四周、其中有些已经做过奥运会工程拥有丰富运作经验的国际公司来说，锐丰音响没有做奥运会工程项目的经验，甚至也没有全世界最大体育场馆的运作经验，面对的竞争之大可想而知。

所谓初生牛犊不怕虎，现在回想一下，觉得当时我们俩，也就是董事长王锐祥和我自己，还真有那么股子牛劲儿——不达目的，誓不罢休，有差距找差距，向竞争对手学习，在竞争过程中壮大自己。"向竞争对手学习"似乎听上去像个客套话，但在我们的实战过程中，却是实实在在的事情。事实上，也正是坚持向竞争对手学习的精神和毅力，使我们能够在漫长的参与投标竞争的过程中不断地改进工作，并不断地找出对手的弱点，同时强化自己的竞争优势。

谈判过程前后共持续了一年多的时间，做的技术方案更是不计其数，第一轮也基本上是后面谈判入门的方案说明会上，我们就领教了自己与对手之间的差距。记得 2006 年 1 月初，包括锐丰音响这家唯一的国内企业在内的 14 家竞标公司，在北京由业主召集进行第一轮方案说明会。当时第一家演示的是美国公司，这家美国公司不愧是世界专业音响领域的老牌跨国巨头，一上台就抛出一套有两套备份系统的方案，据说还花了高达 40 万美元的代价，请好莱坞设计师制作了精彩的动画演示。长达 10 分钟的动画演示专题片，完整地展示了从一片空地上开始搭建鸟巢，到鸟巢音响扩声系统在奥运会开幕式系统运行的整个过程，让业主、专家评委一目了然地了解了他们公司雄厚的实力和强大的技术积累。而作为奥运会合作伙伴的松下电器公司，则给专家评委带来了罗格的推荐信和一个小型系统模型。相比之下，我们按照惯常投标思维，虽然也是精心制作，但却仅仅是 240 页的 PPT 标书文档，实在是差了一大截。

虽然如此，庆幸的是，锐丰音响还是通过了第一轮的筛选。不管是当时还是现在再总结，我们自己都觉得有些侥幸，也许是锐丰音响的诚意打动了评委，也许是作为唯一一家国内参与投标的企业占了优势。当时业内也有人评论：第一轮谈判能够留下锐丰音响，也就是陪太子读书，业主单位可能是不想都让进口品牌占尽优势而已。但不管怎么样，对于锐丰音响来说，通过了第一轮筛选能够留下来，也就是留下了一线生机，但同时，我们也有了更严重的危机感。

在首轮谈判短兵相接之后，我们及时总结，决定向竞争对手学习。我们跟竞争对手们学了以下两招。

一是生动醒目的方案演示。我们以前做的是很简单的 PPT 演示文档，但是看过第一轮一些国际公司在竞争时的技术陈述以后，我们觉得技术方

| 为保密，北京奥运会开幕式火炬演练总
是安排在凌晨两三点 |

案上一定要生动醒目地展现自己的特色。当时根据我们自己原有投标的方案和陈述的经验，结合一些国际公司投标演示的技术手段，我们就做了一个动画的演示文档。这个演示文档结合了我们整个公司的最顶尖的技术力量，把整个系统的运作方式简单易懂地呈现出来，并且可以通过点击显示，真实生动地演示出系统一旦出现问题，将怎么进行备份；当第二套系统遇到干扰的时候，我们怎么调用其他的备份让这个系统可以保证整个开闭幕式及赛时的扩声顺利运行。这个演示比搞一个花哨的动画片更容易让在场的业主、专家理解，效果让人非常满意。

二是我们明确提出了自己方案的最大优点——安全可靠，并不断强调，使其最大限度地深入人心。我们突出鸟巢需要的是安全可靠，而不仅仅是全世界最顶尖的系统，因为它的重要性在于开闭幕式的安全可靠。仅以音箱吊挂为例，以前体育场馆音响吊挂的吊点是没有任何技术认证和国家认证的。我们不断从影响安全的因素进行考究：吊点的承重量、吊挂件的材质与结构、北京冬冷夏热的气候特点对吊点的影响、吊点的抗腐蚀性，以及刮风之类的外力因素等。此外，我们还做了3套备份系统的技术方案，系统既有数字系统，也有模拟系统。这样，我们不断地强调突出"安全、安全、再安全"的重要性，得到了在场的业主、专家们的深深认同。

合纵连横

也正是在坚持向竞争对手学习的过程中，我们发现，当时锐丰音响最大的弱势和硬伤就是与竞争对手相比，没有做奥运会工程项目的经验。于是我们开始寻找突破口，在寻找突破口的过程中，我们终于发现了对手的弱点或者说是软肋。

这个软肋就是：表面上强大的跨国公司，其在跨国市场运作上往往喜欢唯我独尊、一股独大，而且，在面对市场变化或谈判变化时，往往要左请示右汇报，一个决定做下来，用广州话说，往往是"蚊都瞓"（粤语歇后语，意思是"黄花菜都凉了"）了。

我们总结出来有别于这些跨国巨头的竞争理念就是，专业音响卖的是一个系统，音箱、数字功放、话筒、数字传输系统、调音台等，整个系统搭配起来才是一套完整的专业音响服务设备。这些参与竞标的国际公司是每个都很强大，但并非其每项产品都是世界顶尖，他们的产品本质上用的是一套好坏搭配的系统。实际上，在全球我们的这个行业里，还有很多在各专业领域也一样做得很成功，又有奥运会服务经验的品牌，只不过他们作为单一产品缺少的是参与投标的机会。

正如那句老话说的，你不跳进水里，就永远也学不会游泳。正是因为参与了竞标实战，我们也终于找到了我们自认为能够赢得竞争的突破口和结合点。合纵连横，秦灭六国的方略，被我们稍加改造，用在了这次竞标实践中。在短短3个月时间里，我们目标明确地行动起来，找到德国等5家单项产品做得非常优秀的国际公司谈判，与其建立合作伙伴关系，一起做鸟巢的投标方案，这些单项产品的合作公司结合他们以前服务奥运会的经验，也提出了非常多的好建议和技术分享。

这一招估计比较出乎所有参与竞标的其他跨国公司的意料。一来，就是我前面所说，他们一向比较习惯唯我独尊、一股独大，在制订竞标方案时，整套系统用的都是自己的产品，不习惯与其他对手分享利益和荣誉；二来，即便是其在中国的运营团队已经意识到我们这样做会增强我们的竞争优势，对他们的威胁加大，想要做出反应时，左请示右汇报的，总部也未必能及时做出有针对性的决策。所以我经常说，不要怕和跨国公司竞争，跨国公司有时候也是个纸老虎，只要你找到它的软肋，你就可以当武松。比如，在最后的商务谈判中，业主提出了4点要求，要求我们在2天之内必须答复。我在接到谈判文件后第一时间走进王锐祥董事长的办公室，15分钟后我和他就达成了回复意见。而其他的国际竞争对手在接到谈判文件后做的第一件事情都是不约而同地向业主提出要求，要将回复时间延后，因为正值周末，他们亚太区和全球总部的高管都在休假，要等到周一汇报后才会有回复。

就是通过这样的不懈努力，锐丰音响的竞标团队终于也同样拥有了服务奥运会的经验，短板得以补齐。而我们的合作伙伴也借此有了进入北京奥运会的机会，合作双方都一致认同这是共赢的合作。与此同时，国际化的团队也使锐丰音响的竞标实力倍增。

上书陈情造舆论

解决了竞争短板，增强了我们的竞标实力之后，实际上仍只能说我们终于真正取得了与竞争对手平起平坐的资格，摆脱了类似第一轮谈判处在的弱势所带来的阴影。到了 2006 年 6 月，竞争到了白热化阶段。

当时发生了几件事情，让我们开始重视舆论的重要性。当时传出，国际奥组委给中国奥组委写了一份措辞强硬的推荐函，称鸟巢的其中一个竞标公司是他们的合作伙伴，必须用该公司的产品；美国某位前总统也帮该国某国际集团写了封推荐信……这些事，究竟是真是假直到现在我也没弄清楚，但当时除了这些说法之外，更有其他各种谣言满天飞，令参与竞标的各方都密切关注，神经紧张。

中国人做事，向来讲究"天时、地利、人和"。我们当时就想，奥运会在中国举办，我们作为中国企业，也应该抓住主场优势，在舆论造势上，完全可以比竞争对手们做得更好。

首先，我在多个专业杂志上刊登署名文章《国产专业音响艰难前行》，对改革开放以来中国国产专业音响行业的发展进行总结和反思，以期引起业内和专家对这个产业发展和锐丰音响这个企业的关注；然后，我们又利用每年一度的推广会的契机，向全国多个城市的专家、经销商、工程商进行呼吁，传达国产专业音响进军奥运会的神圣使命，得到了同行业的支持。毫不夸张地说，当时我们到处去拜访这些行业专家，同样的话都不知道讲了多少遍。虽然无法量化每次这种陈述的作用，但我们都认为，这种行业总动员的做法在事后被证明是起了一定作用的，特别是对于业内的老行尊、老专家，打动了他们其实也是无形中为锐丰音响拉了一票。后来有位业内老专家跟我交流时也说过：徐总，你当时的话确实深深地打动了我，特别是你说"如果错过了这次参与奥运会的机会，中国的专业音响企业走向国际化的时间还得拖慢 50 年"，让人很有感触。

当时大造舆论的高潮，就是最后仿照某些跨国企业的做法（即之前说的向竞争对手学习），他们是拿着威权人物的信来当敲门砖，我们则利用地利、人和之便，反其道而行之：给国家领导人写信。我们依靠中国演艺设备技术协会、中国录音师协会、中国声学学会声频工程分会等十分有影响力的协会组织，请了许多行业里的专家教授联名，给总理写信，陈述我们想参与百年奥运的拳拳赤子之心，希望能够得到总理的关注和支持。事实上，我们也明白，总理日理万机，也不可能为这等小事躬亲过问。但是，这封信却让我们在行业里造足了声势。

正是通过这样的努力，我们开始获得行业的支持，许多一开始对我们冷嘲热讽的国产音响企业同行，其中甚至也包括我们原来的某些竞争对手，开始改变态度，即使没有公开表示支持，私底下也会发个短信询问进度，给我们打气鼓励。事实上，事情演变到后来，在我们的强大舆论攻势下，国产音响行业内也都几乎达成了一种模糊共识，那就是，参与奥运会，已经不仅仅是我们锐丰音响一家在战斗，而是检阅国内音响企业发展质量的一次契机，奥运会鸟巢夺标战，只是奥运会众多场馆中最引人注目的一个，其他还有众多的场馆扩声工程，锐丰音响如果能胜利拿下鸟巢的项目，无

| 鸟巢施工中，正在吊装锐丰音箱 |

形中也将给其他的国内音响企业增加参与奥运会的信心。后来，在锐丰音响中标鸟巢项目及拿下其他包括奥林匹克体育中心、奥林匹克公园曲棍球场和射击场、老山小轮车赛场等几个场馆的扩声设备工程之后，也有国内同行拿下了其他一些场馆，他们有些在向业主单位宣讲的时候，也会拿锐丰音响的成功案例来说：锐丰音响也是国产音响企业，他们能够做鸟巢，我们也能做这些场馆的项目，质量也不会有问题。当然，这些也都是后话了。

锲而不舍，坚持到底

艰难的谈判进行了一轮又一轮。终于到了最后陈词定生死的一刻。所谓行百里者半九十，为了在最后一轮"全球竞争性招标比选"中不出纰漏，我是铆足了劲儿，做足了准备。当天面对着全场的业主及专家们，我回想起一年来竞标历程中的种种艰辛。我阐述的已经不仅仅是这个竞标，而是这个行业的发展，是许多中国音响企业的命运，是中国音响行业的整个品牌及未来！说着说着，我自己也禁不住泪流满面，这些泪水，既释放了自己那么多日日夜夜的艰辛和压力，也饱含了为自己的企业、为整个国产音响企业争取发展机会的强烈心愿和决心。在我的陈述里，有一句比较煽情、也据说给在场业主方及专家们留下最深印象的话："那些国际公司只是带着做生意的心来的，他们做砸了就是赔钱而已；而我们认为这是无上的荣耀，我们做砸了就会让行业抬不起头。"满怀激情的现场陈述赢得了在场专家的掌声，也赢得了梦寐以求的标书。

在许多中国人和某些企业的心目中，中国产品最大的特点就是便宜。但事实上，当时已经进入最后一轮"决赛"的3家竞标公司中，锐丰音响比第一家国际公司高400万元，比报价最高的第二家便宜300万元。所以说，我们竞标的成功不在价格，而在安全。要让业主觉得有保障，这是当时能够竞标成功的一个最重要的因素。奥运会中有两句话——"祖国的利益高于一切"、"安全是压倒性的首要任务"，正是吃透了这两句话，使我们赢得了最后的战争。

后来我们在接下来的"2008巴厘岛第一届亚洲沙滩运动会全场扩声系统供应商"、"2010广州亚运会扩声系统独家供应商"、"2010马斯喀特第二届亚洲沙滩运动会合作伙伴（扩声系统供应商）"、"2011深圳大学生运动会扩声系统独家运营商"等这些重大项目竞标的成功，也都延续了北京奥运会的经验。至此，锐丰音响成为世界上唯一一家同时拥有参与奥运会、亚运会、大运会、亚沙会声音扩声经验的专业音响公司。

| 北京奥运会闭幕式后，和国家体育场业主保障团队一起庆祝 |

| 北京奥运会结束后锐丰团队合影 |

可以说，在国内做企业，不能光一门心思地盯着商业价值，一定要有对社会、对企业的责任心。虽然也有很多企业家说过类似的话，但我要说，这是有共同体会的人深有感触的真心话，并不是一般人所想象的矫情话语。

有意思的是，直到奥运会临开幕前夕，还有人半夜打电话来，问我在干什么？我说在睡觉啊。他说，你还睡得着觉，鸟巢的音箱掉下来了！这把我吓出了一身冷汗。后来一打听，根本没有的事，以讹传讹呢。不过，这个小插曲也可以说明，即使是成功中标之后，为了保证万无一失地完成任务，包括我在内的整个奥运会工作团队，仍是处在枕戈待旦，紧张工作的状态之中。

结果大家都看到了，2008 年北京奥运会成功举办，我们也成功地完成鸟巢音响的设备安装、维护和使用，其中也包括圆满地参加了在鸟巢举办的开闭幕式演出。

在给媒体主办营销讲座讲课时，我谈到竞标鸟巢扩声系统工程的成功，就是来自永不气馁的坚持、对全球行业资源的成功整合，以及得到整个行业的支持。事实上，坚持确实不是一件容易的事，在整个竞标过程中，如果没有董事长王锐祥的坚强意志，没有他对我的执著信任和绝对授权，那么在长达一年的谈判时间里，随时都有撤军溃退的可能。

成功的背后，锐丰音响得到了很多，也学到了很多。除了技术的飞速提高，也增强了自己与全球公司竞争的能力，树立了与国际公司竞争的信心，更重要的是，漫漫竞标路和后来参与奥运会的服务经验，也让锐丰音响找到了差异化营销之路和新的成功之路，也找到了新的盈利模式。

如何与老外打交道

随着中国外向发展，越来越多的企业会面对海外营销的问题，我不是专门做海外营销的行家，但由于实际工作也常有接触，虽然经验不算多，但体会还真不少，关于如何跟老外打交道，个人略为总结了几点，基本还算"管用"。

既要耐心也要坦率

因为工作的关系，我到过欧洲、中东和东南亚一些国家参与过工程项目的商务谈判、品牌推广等。在跟国外一些企业管理人员、中介机构和其他许多人沟通交流的过程中，我觉得有一点特别有意思，就是一定要有耐心，要习惯通过邮件来交流回复，绝不能拿中国人工作喜欢加班加点、废寝忘食的那一套去和老外打交道。

| 成功竞标第四届亚洲沙滩运动会照明独家供应商后，我和泰国体育部长
卡诺潘合影 |

　　和外企不同，中国许多中小民营企业的员工平时工作上比较习惯打电话交流，习惯这样，但在和老外打交道时，这个习惯得改变，他们喜欢翔实的资料、确切的数据，大小事情都喜欢发邮件，上班第一件事也是立刻打开邮箱回复工作邮件，你不用担心邮件发过去要等很久。相反，如果你一通国际电话打过去，即便找到你要找的人，说上一通话也未必能把事情说清楚，还是邮件好用。尤其是一到节假日，老外基本都把工作和生活分得特别清楚（史蒂夫·乔布斯之类的 IT 工作狂人也许不在此列），不管你怎么急，非工作时间你想打电话找人谈工作那都是十分冒犯和让人不快的，况且，有时候你压根儿就找不着人。

　　和老外打交道要有耐心，特别是跟中东人谈生意更是如此。中东人给我的个人感觉是几乎没有时间观念，而且可能因为这些国家大多是宗教国家的关系，他们各种假期也特别多，经常找不着人。一次到阿曼，约了一个中东客户上午十点见面，到了十一点不见人，到了十二点还不见人，只能打电话，一打电话人家说不好意思，忘了！还是在中东，与一个合作伙伴有个合同要尽快签订下来，于是我们一天一封邮件，两天一个电话，催了足足一个星期，最后却把他催发火了，说催什么催，按程序来懂不懂？话说按他们的程序也确实需要等，只是他们的这个"程序"实在太慢了！但你一点办法也没有，反过来当时我们还得跟对方好好道歉，然后继续耐心等待。

"我们15天之内可以把合同完成"，中东和东南亚某些国家生意伙伴的类似这种承诺，也基本不能当真。我的经验是跟他们办事，一定要跟紧催紧，因为他们太散漫了。我真不认为他们会因为有任何事情办不成而急得吃不下饭睡不着觉。

除了耐心之外，和老外讲话、谈判，最好直来直去，有什么要求和不满，一定要直接坦率地提，不能像中国人之间的交流那样，讲一半留一半，或者打什么"太极"之类。相对来说，我觉得和老外打交道，比和中国人打交道简单。

不打无准备之战

出国述标、进行商务谈判一定要做好充分准备，不打无准备之战。虽然现在网络发达，但在像东南亚、中东一些国家的部分地区，网速还是不快，

| 在菲律宾投标结束后和菲律宾体育部长里卡多·加西亚合影 |

碰上临时要传送一些大的文件会很慢，这时候大容量的优盘就成了救星，先进的存储技术，可以让我们把过往案例、各种文图资料准备充分。特别是述标和谈判过程中经常会出现的一些事先未预料的情况、原先未安排的环节，比如因为业主方临时起意，要求你去看他的某个工程现场，临时让你搞个设计效果出来之类的。

2012 年初，我去菲律宾述一个标，介绍了工程安全和产品，后来去看场地，看了以后他们要求我们结合自己的产品给他们做个方案，且第二天上午去见菲律宾体育部长时就要给他们演示。当天下午我们两位同事在酒店里什么事也不敢做，就专心致志做这个方案。因为有现场图，有充分准备过往成功工程案例的文图资料，300 G 左右的一个硬盘资料，用我们同事的话讲是"要什么有什么"，最后做足了一个下午和晚上，把演示做得很成功，效果非常好。

礼多人不怪

中国人有句话叫做"礼多人不怪"，千万别把这个理解为庸俗的关系学，所谓"人同此心，心同此理"，你想让别人怎么对待你，就要怎么对待别人，谁会对热情有礼的人怀有厌恶感呢？曾经有朋友告诫过我，第一次跟海外客户见面的时候不用送什么礼物，因为初次见面给对方礼物会给人留下不好的印象。但是我的直觉告诉我，我们更应该发扬中国传统的礼仪与热诚，所以第一次去英国我还是带去了很多茶叶、刺绣等极具中国特色的礼品。让我喜出望外的是，在我们拜访英国当地客户、专家、企业管理者（包括场馆建设单位的负责人）之后，当我在结束会面时送上这些极具中国特色礼物的时候，我们不但没有给对方留下坏印象，而且我们浓浓的人情味还收到了意想不到的效果，基本上每个收下我们礼物的人都非常开心，个个都主动邀请我

| 和阿曼体育大臣哈比互赠礼物 |

们合影留念以表谢意。

不过，我送的礼也有讲究：不一定买贵的，但一定要最具中国特色、地方特色，而且在送给外国人的时候，一定要好好讲解意义。比如刺绣，对于手工，对于用了多长时间绣成，不妨好好讲解一下；如茶叶，最好也能讲解一下各种茶叶不同的泡法。咱们中国地大物博，就算小小的刺绣，也是各式各样、各具特色。比如，我们有一次送了湖南的"发绣"给对方，我给他仔细讲解一番之后，对方赞叹不已，倍感礼物之珍贵。其实，这样做一是让他知道我们对他的尊重和用心，二也有助于他加深了解中国的博大文化，让他更喜爱中国。

另外，去老外家吃饭，也一定要记得带上点儿礼物，不在贵重与否，要做到人到礼到。

性价比决定了我们的竞争力

不管中国产品质量被如何评价，我个人始终认为，中国产品的性价比是很具竞争力的。就像菲律宾的体育部长来中国参观过之后，回去就要求其国家体育城的设施"能买中国货的尽量买中国货"。他认为，中国货在全世界都是性价比最高的。

事实上，近年来，中国企业一直没有停止在海外拓展的步伐，像华为、中兴等企业都做得很好。我曾服务过的雷士照明企业，于 2007 年进入英国市场，主要是向英国及爱尔兰的批发商销售雷士品牌的商业、工业、室

| 阿曼亚沙会开幕式结束后和执行总监穆巴拉合影，
他称赞中国团队是最优秀的 |

内及室外等照明产品，英国雷士照明 2011 年实现销售额 1700 多万英镑，2012 年英国雷士照明的销售额达到 2500 万英镑。雷士照明董事长吴长江表示，在完成中国市场的全面布局后，雷士照明将发力全球市场，紧握国际大型赛事契机，继续提升品牌国际影响力，奠定在亚洲乃至全球的品牌影响力。目前，雷士照明已经在 40 多个国家和地区设立了经营机构。在2012 年 7 月伦敦奥运会期间，雷士照明还与英国分公司一起开展了一系列奥运会营销活动，把海外市场做得更好。

第二章

带好队伍去作战

带领团队的经验分享

　　做好大客户营销，不是靠管理者自己或个别人单打独斗就能够完成的，这往往考验的还是一个团队的综合服务能力，需要团队成员协同合作。大到一个集团或企业，小到一个项目团队，作为团队带领者，都有一些共通之处。

　　我觉得，带队伍首先一定要勇于承担责任。只有团队领导者勇于担责，下面的人才能放心大胆地向前冲。当年我在音响企业，有一次负责一台大型晚会的工程，彩排现场突然出现了技术性故障，当时团队里的所有人都吓坏了，特别是技术主管，他本来就已经为这个大型晚会累死累活、精神高度紧张了，偏偏临到播出还出故障，人都快崩溃了，两天两夜睡不着觉。前天晚上出事，第二天他见到我就哭。公司里的人也明里暗里地埋怨他。这位主管三十出头，技术能力强，但心理承受力较弱。在此情况下，如果我再说他两句，估计他会疯掉。虽然我也很恼火很着急，但当时我还是先揽下所有责任，在大会上做检讨。我故做轻松地半训斥半开导他：这算多大个事儿！责任又不是你的，不要太没出息，我都检讨了，责任在我身上，你不要有包袱。但他还是放不下，竟向我提出辞职，认为自己"对不起公司，对不起徐总，只有辞职"。可是，我花那么多时间、精力培养的人，怎么能够因为出个事故就让他走掉呢？事故固然给公司造成了损失，也给我带来了巨大压力，但人才流失对公司的损失更大。我还是和颜悦色地为他减轻心理负担，竭力挽留，让他安心留了下来，并由他自己继续带领技术团队，顺利排除了技术故障。作为技术主管，他自己也得到了成长，直到现在都仍是公司的骨干。

对现在很多年轻人来说，可能生活中的一切太顺利了，所以才容易一遇到点儿挫折就受不了。所以作为团队管理者，一定要学会关心他们。现在许多"80后""90后"对价值认同的需求特别高，高薪未必就一定能留人，有时候钱多钱少不重要，氛围反而很重要，特别是对于发展中的中小企业更是如此。我认识的许多年轻人都同我聊过：大家能够围着一个大桌子吃饭，一起过生日，女同事三八妇女节收到花，有人积极组织丰富的业余活动，这种集体生活的企业氛围，正是吸引他们之处。

年轻时，我在 TCL 集团股份有限公司（以下简称"TCL"）工作，就算被领导骂得狗血淋头也不敢轻易说走，现在信息发达，人才流动更加频繁，特别是做大客户营销的人，做个几年下来，每个人手里都会掌握一大批客户，你批得狠了让他心里不爽，随时说走人就走人。所以作为管理者，我不能再学以前自己的领导那样，劈头盖脸骂手下，要是被反炒鱿鱼，公司的损失就大了。所以说现在带队伍，既要讲管理之道，又要拿他们当朋友；既要讲原则、守规矩、重承诺，又要跟他们将心比心，以心换心。

有一次，团队里的一个兄弟在公司年饭上跟公司的财务人员发脾气，摔杯子。我找他谈，要求他去跟财务的同事道歉。我讲了三点：一，业务员做业务，财务审核费用，都是各司其职。财务对超标费用公事公办，不给报销也正常。企业没制度怎么行？二，今天团年饭，你在这种场合摔杯子摔给谁看？大家都看着呢。事情要解决也不能靠摔杯子解决，还是得坐下来谈。三，我是大哥，你这样做也丢了我的脸，你得听我的，去跟人家道歉。最后，这个兄弟还是听我的话，去办公室找人家道歉，大家也好好坐下来谈费用的事情，一起讨论解决办法。

　　一个团队里，什么样的人都会有。对于业务能力都很强、谁都不服谁的团队成员，要尽量把他们分成不同的项目组，形成竞争。特别是一些技术型单位，大家都觉得自己很牛，而且做技术出身的人，对成就感的追求似乎更强烈，"技术佬"一旦内讧起来，公司的损失会更严重。我的经验是一定要创造条件让他们"赛马"飙业绩，要竞争不要斗争。

　　如何对待下属的挑战或无理抱怨也很考验人。印象很深地记得，某一年的母亲节，团队里的一个部门总经理给我发来一条短信，上面就侮辱我母亲的几个字。我一看就火了，差点抄起手机就想回拨过去狂骂他一顿，但我还是忍了下来，因为我知道，如果一旦开骂，事情就会往坏里发展，无可挽回。作为团队最大的领导，他们骂我是因为有压力，找不到发泄口。这位负责人的部门正在跟公司另一部门争客户，我没有及时当好裁判帮他们处理，当天下午我赶着开另外一个会，他过来找我未及置词，他理解成我有意偏袒了别的部门，因此气不过。

　　当天我冷处理了此事，没回短信也不给他回电话。第二天等他心平气和了，我回到公司再找他谈。很多时候，人在气头上，话说得越多越扯不清，也就解决不了问题。而且，时间往往也有助于消除误会。后来抢客户的事情协调解决以后，这位很有责任心、能力也很出众的部门总经理不仅诚恳向我认错，在以后长期共事的过程中，更成了我的好下属、好兄弟，我离开企业时，他非常不舍，直到现在，还经常会找我请教和切磋问题。

事实上，企业每个部门的领导都难免有地盘意识，都会情不自禁地维护自己一亩三分地的部门利益，所以类似跟我拍桌子之类的事情在所难免。比如像我以前所在企业的国际部，人员少，技术力量相对薄弱，一接到大项目就要找其他部门的人配合，这时候，被借人的部门就会不乐意，明里暗里地抱怨。特别是正当大家都在冲业绩的时候，协调起来就更不容易。有时被借了人的部门在被追问业绩时，就会找借口说"我的人都被你借走了，还能出什么业绩"之类的话。一般在这种时候，我都会注意处理好，尽量理解他们的情绪，避开他们的怨气，找到合适的时机，耐心说服、沟通。

做团队领头人做久了，也很容易固执己见，刚愎自用，我经常提醒自己要特别警惕，因为我曾经有过这样的教训。有一次投标，我认为所有该做的工作都做完了，下属提出的一些意见我认为都是多余的，固执己见，坚持去投标，最后连入围都入不了。还有一次，当时有一个文员提了个意见，包括我在内的人都没重视。她提到要先拿到一个产品的授权再去投标，因为这个产品很有竞争力。我们当时自信地认为，对于像我们这种卖系统的大公司，各种相关配套产品的生产企业平时都追在我们后面，要靠我们打进市场，想拿到某个产品的授权根本不在话下。没想到最后业主单位在招标文件中设有该产品独家授权的要求，我们没有足够重视，最后就因为没能及时处理好这个授权要求而失手。

所以说，带团队不一定都要做轰轰烈烈的大事，或者说，在做大事之余一定要把小事做好，注重细节。提到小事，我做了这么多年的营销和管理，平时晚上应酬很多，但只要我不出差，即使晚上睡得再晚，第二天早上也总是坚持九点前到公司，以身作则。

　　作为团队带领者，我从来不担心别人来挖团队成员。有人挖，证明你的团队成员很优秀。我这个人很自信，相信自己和公司有能力给团队成员营造一个比别处更好更大的平台，会让大家舍不得走。当然，自信归自信，在商业社会，人才流动始终难免，每当有人要走，只要是中层以上的人员，我都会找他们详谈，能挽留的尽量挽留，实在挽留不下的也好聚好散，尽量做到上司下属缘尽，兄弟情谊不断。

空降高管如何落地生根

空降高管到一个新企业，如何才能落地生根？之前因朋友的事，我发了条相关微博感慨了一下，居然被转发了160多次，跟帖评论40多条，可见大家对此话题还比较感兴趣。

这条微博内容如下："今天见一朋友出任某公司营销副总，和我大谈特谈他的战略规划、品牌再造、营销变革想法。我真替他担心，他这些事情要做好，没有三五年时间是不可能完成的。从长远看没有任何问题，但老板请他的期望值非常高，半年时间没有显著的业绩提升，恐怕要走人。建议：先做好业绩，站稳脚跟，再做战略吧！"

对我这一观点，赞同者有之，"先生存，后发展"、"空降兵你得先活下来，再说话。高管的最大资源是'信任'，而不是你所谓的职位！"跟帖晒之者亦有之，还有的说"如果老板这样现实，我甘愿选择离开。一个企业没有3年的规划如何做大企业"等。

大家见仁见智。不过，我始终坚持认为：晚一天做战略不会"死"人，但晚一天出业绩就会走人，业绩才是硬道理，带兵要有战功才能服人。

职业经理人到一个新平台上，要出业绩难不难？很难。但是不是就做不到？不是。作为一个管营销的老总，和做人力资源、做后勤、做行政的比起来不一样，他是相对更可以做出业绩的。作为一个职业经理人，讲再多的经验，讲再多的战略，加之以前的成功光环，可能两三个月内起点儿作用，大家会说这个老总以前是哪个哪个公司的，多么多么厉害，但两三个月后，光环褪去，如果你没能抓紧机会做出点儿业绩，那这第一关就很难过去。

职业经理人空降到一个企业，总会有一个适应和了解的过程，这种适应和了解，就要靠多跑，多跟市场经理和区域老总沟通，多跟大的代理商沟通，争取在最短时间内了解市场，了解清楚销售的整盘棋。

以我自己到某企业工作为例，该企业营销体系已经比较完整，我到位之后，首先分析整体的业绩结构，分析销售及增长最重要的组成来源。现在大的公司一般都有总代理、总经销，我先把近几年的经销商及客户名单拿出来分析，和市场经理、区域老总进行座谈，对整个业务收入的构成和每个月的销售情况都进行一个较全面的了解。在了解情况的过程中，往往就能够发现某些着眼点。比如我们有个湖北的代理商，我发现他每年的营业额都在增长，公司规模也不断壮大，但对我们产品的代理却几年都没有增长。一分析，发现原来他还代理了其他的几个品牌。一共6个品牌，他每个做500万，一年就做到了3000万。这种代理商最难管，但却也是增长潜力最大的，所以一定要去跟他谈，恩威并施，让他要做大我们的销售，压缩其他品牌的空间，给他一定的压力。当然，我也会在广告、返利各方面支持他。当时我就先拿他开刀，抓住几个这样的大头，很快见效。所以说只要懂得寻找着眼点，抓大放小，短期内出业绩并非不可能的事。

当然，前期为了站稳脚跟，不管是利用原来的资源基础还是靠个人的能力，必须迅速拿下几个大客户奠定自己的"江湖地位"，但接下来，千万不要认为自己很牛，公司业绩的提升一定要靠整个体系，靠整个团队。

有了一定的业绩支撑，对公司业务有了真正的了解，站稳脚跟，才是开始做规划的时候。我个人的观点是一定要考虑两年左右。在中国，你说能把企业未来 5 年、10 年的规划做出来我觉得那是胡扯的，谁能把 3 年后的市场看清楚我就已经很佩服了。我所说的规划，包括产品的规划、营销策略的规划、组织架构的规划，以及人员培养的规划等。

说到用人，空降高管带不带人也是一个十分值得注意的问题。作为一个空降高管，到了新平台以后，一般都不会重新组建一个部门，企业原来就有人，但很多高管喜欢从外面拉人进来，特别是从自己原来的公司拉人来，觉得自己的旧部能和自己一条心。其实，新企业里的人和自己的旧部相比，用起来顺不顺手，听不听话，两者的区别并非想象得那么大，也许很多时候只是因为原来的人和你搭档的时间久了，合作起来顺手，给个眼色他就知道你要干什么，容易领会你的意思而已。如果说权衡利弊，高管拉人、带旧部这种做法很容易埋下许多隐患。以我的个人经验，一定要用好企业原来的团队，不要动不动就带人去。我见过一些职业经理人朋友，往往喜欢带人，但这些带人去的基本上成功的很少。

人会自然而然地分派系，哪些是原团队，哪些是经理人带过去的，就算经理人自己心里没隔阂，他们自己都会站队。特别是你带过去的人，总会认为我是某位领导带过来的人。这是非常危险和可怕的。

在我早年的职业生涯中，曾经有过很失败的经验。当时我带了七八个人过去，因为老板很信任我，所以这些人都分布在各个部门做领导。因为是我带的旧部，所以原来的员工也就把他们划为"徐总带来的人"。这些我带过去的人，因为远离家乡，下了班以后也很自然地会和我团在一起，没事就一起吃个饭，打个牌之类，自然而然地聚在一起，这就让其他员工更加疏离我。别人把我们划成一个团队，我们自己也自然而然地把自己划成一个圈子。公司原来的骨干就会觉得不属于这个圈子，干得再好也没用，慢慢地就有人走。当时我对此也是经验不足，警惕不够。老板看多了，听多了，慢慢却产生了忌惮心，他可能觉得，这个公司所有中层都是你带来的，万一哪天你不干了把人都带走了我怎么办？于是老板不放心，玩起了心思，逐步从集团公司里调人过来牵制。但调过来的人和我原来带去的人发生冲突，产生对立，而我当时没经验，不自觉地也就卷入其中，为了协调这中间的关系疲于奔命。我当时认为，老板应该尊重我带去的这些人，怕他们受到委屈。所有这些，都为后来矛盾的总爆发埋下了隐患，最后导致自己那段职业生涯的失败。

还有一个朋友的例子，他去一个新公司做营销，带了五六个人过去。那是个传统型企业，地处较偏远的省份，所以他们中层的收入也比较低。但我这位朋友带去的团队，因为是跟着他去的，而且是从北上广这种一线城市过去，工资待遇自然不同，和原本企业的中层比起来，要高出一大截。世界上没有不透风的墙，这件事一下子在企业里传开了，大家都愤愤不平，觉得老板偏心，偏信外来的和尚会念经，凭什么这些新来的人的收入比自己的高那么多。心里落差一大，消极待工，情绪对立，做事都不好好做。对立冲突严重了，新过去的管理人员就觉得这个企业的员工真不好管，3个月时间不到，不是原来的企业骨干要求辞职，就是新带过去的管理人员闹着要走，直搞得我这朋友焦头烂额，事还没开始做，纷争就已没完没了了。

所以说，空降高管带人一定要慎重，能不带就不带，你带了旧部，必然负有某人是"我带来的"的主动或被动的道义上的责任或者说负担。如果真要带人去做事，那越是你带去的人，你越是要从严要求，越是要给他们时时刻刻敲警钟。

高管空降，企业很多人都会担心新来老总有自己的帮派，会对自己不利，忐忑不安。要告诉大家，我来是来做事的，是来团结大家的。我的能力有限，要靠大家支持，才能把事情做好。平时有空，要多跟其他部门的老总吃吃饭聊聊天。千万记住，多讲我们现在怎么样，未来怎么样，绝对不要说前任的不是，更忌讳把前任说得一无是处。要大度一点儿，虚怀若谷一点儿，要多感谢别人给你打下一个基础，帮你有今天做事的这个平台。

作为一个营销老总，一定要利用好各种出差的机会，和一线营销人员沟通，掌握一线市场最真实的情况。很多营销老总从业务员做起，花个十几年时间做到了营销老总的位子上时，往往已经很少接触到基层业务员和基层客户。但是一见到这些基层业务人员或一线客户，就会经常听到公司的产品有这个问题、那个问题，或者是公司的售后不到位，政策支持不够，别人家的怎么样怎么样等诸如此类的抱怨，很多老总都会听不下去。我认为，不管是做到哪个级别的公司老总，都要学会倾听这些难听的话。其实我们当年也一样，也存在一个成长的过程，我们也会向公司领导抱怨这个抱怨那个，为自己找理由找支撑，但却未必是真正的抱怨。理解很重要，帮助一线业务人员成长既是帮助公司业绩增长，也是一个空降高管能够落地生根，形成自己的影响力，获得大家拥戴的重要机会。一定要学会倾听。

吴长江对高管们说过一句话："我怎么拿你们当兄弟，你们就应该像我一样对待你下面的兄弟。"信任靠不断地沟通产生。

很多高管说，到一个企业，最重要还是要和老板沟通好。当然，这也是实在话。任何时候，都要学会和老板好好沟通，要会倾听他的想法，要会帮他去分析，要会清晰表达你的意见，并告诉他你未来准备怎么做，你需要得到怎样的支持。一般而言，空降高管和老板的"蜜月期"大致有那么3~5个月。"打头炮"这段时间，很多经理人喜欢讲一些让老板开心、爱听的话，甚至夸夸其谈者有之。事实是，老板请一个职业经理人，往往有很高的期望值。聊天的时候如果你说得保守，老板会不高兴，于是经理人也投其所好，为了老板高兴就放卫星，讲空话大话。但讲完以后，要知道，时间会检验一切。三五个月过后，你做不到你所讲的，老板就会很失望。所以说，话最好不要说满，就像我微博上一个跟帖评论说的，要"学会管理老板的预期。短期靠业绩，中期靠格局，长期靠战略，争取做到让老板喜出望外，先摘成熟的果子，别想把整个海洋煮沸"。宁愿保守一点儿，届时做得到是惊喜，一时做不到也要让人看到你的真诚，并且给自己留下继续努力的时间。所以说要利用蜜月期的三五个月，争取出业绩，让大家看到你的能力，让老板认可你；而且你又不带一个人来，用好原来的团队，让老板觉得你有容人之量，不会排挤别人，让他能够充分信任你。业绩有了，你又有个完整的规划，老板会觉得你是个有长远眼光的人，也是真正为企业考虑的人，作为空降高管，自然也就在一个企业得以落地生根。

慈不掌兵，让团队保持狼性

最近和一民营企业老板聊天，他抱怨自己的企业这几年发展速度停滞，就是一两个亿，不管他怎么努力、怎么做都是如此，总发展不起来。他还感到特别困扰的是，企业里的许多老员工，一过三十岁，就不愿意加班了。特别是做销售的那些人，在企业干久了，觉得自己是跟老板一起混过来的，觉得做多做少反正老板也不敢把自己怎么样，开始嫌苦嫌累，有时候也不愿意出差，很多人一到周末就说以家庭为重，要陪老婆孩子，这个不愿干、那个不愿干。我笑着跟他说，你看，我认识你，也认识你们其他几位股东，前两任的总经理、副总经理、销售总监，对你们这个企业也一直都比较了解，我发现你们几个有一个共同点，就是属于"说话都不会大声"（脾气特别好）的那种人，要知道慈不带兵，你这个老板当了 20 年，都是一团和气，从来没拍过桌子，你们企业文化的特点就是一团和气，缺乏一种狼性，而进取心和进攻力不足。

其实，有类似困惑的中小民营企业老板并不止他一个。在我看来，能正视此问题并思考解决之道，保持进取心，这很难得。好过有些中小民营企业老板，以为自己企业已经做到两三个亿、三五个亿，能够保持这个现状就已经最好，一心"守成"，岂不知这种心态很危险。今天的市场竞争，犹如逆水行舟，真是不进则退。确实，中国的市场越来越大，但加入竞争的企业也越来越多，企业能够抢占的市场份额跟以前比起来反而可能更少，而不是更多，现实要比想象的残酷：要么就是你的饭被别人吃了，要么你就得从别人手里抢饭吃。

现在整个大环境不太好，大家坐下来都在讨论中小企业危机。如果仅仅想靠精兵简政、压缩成本，这不是好办法，开源节流、始终开源才是根本。

中国的众多民营企业和外资企业的全球资源没法比，和国有企业的强势也没法比。想要在夹缝中求生存，必须靠自己的狼性，必须让自己的营销队伍具备不断进取的精神，必须一直保持旺盛的战斗力，除了抢市场还是抢市场，只有不断抢占市场创造业绩创造利润，才能继续向前发展。实际上，我观察过身边许多做得成功的民营企业老板，几乎没有几个老板可以在周末安心休息的，为了企业发展，他们有操不完的心，忙不完的事。前文里说过的，如果你在一家中小企业，就算政府部门来个什么人参观之类的小事，企业的董事长或者总裁还得亲自陪同。你要不出来，人家觉得你不重视他。没办法，既然中国尚处于社会主义市场经济初级阶段，我个人认为，太过温情脉脉、和谐宽容的企业文化对于正处在发展阶段中的民营企业来说，是不合适甚至有害无益的，必须要强调狼性、进攻性，赏罚分明，让大家保持旺盛的进取心，对于直接担负着攻城略地使命的营销队伍更是如此。特别是在当下，市场不好的时候，企业的营销人才比什么研发、管理人才更重要，实际上，我们许多中小民营企业本来在技术上也没有多少研发实力。

老板们说起来也会比较重视营销人才，但往往企业能够做大到一定规模的老板，自己就相当自信兼有个性，偏偏营销人才也一样：太听话的人没有好业绩，有本事的业绩做得好的人往往会比较张扬，不听话，不容易让老板喜欢。

中小民营企业老板中，有很多本身出身于业务员，在特定环境和条件下，慢慢做大自己当了老板；还有一种是搞技术出身的，搞了一两样技术自己就出来做了，做了些产品，慢慢将企业做大，也开始重视营销了。但是这些老板们做大了以后，往往很难改变自己原有的观点或经验。比如做营销出身的老板动不动就喜欢说，以前我们 5 个人做 5000 万的生意，你们现在 50 个人，怎么就做不了 5000 万的生意呢？而那些技术出身的老板则经常会训手下，为什么我这么好的产品，你们就卖不动呢？要知道，当市道比较好，竞争者也少的时候，市场容量相对较大，什么都卖得出去，现在市道不好，竞争者也多了，怎么还能拿过去的经验来套当下的市场呢。

所以说，专业的事情要让专业的人去干，要学会把压力交给基层营销人员去完成，老板要做的事其实很简单：第一，我给你定个目标；第二，我给你定个费用比例。这就行了。

这几年，我总结营销用人的经验，一般来说，爱表现、自来熟的这种人，放在做公关、跟项目的营销岗位上一般都不会错。我最喜欢挑的基层营销人员有两种：第一，大学毕业工作几年，换过两三次工作受过一些挫折的人。这样的人，你给他一个机会，帮他做职业生涯的规划，给他一个成长的空间，给他一个未来的期许，帮助他，他会成长得非常快；第二，这几年我看上的一个很好的队伍（很多老板看不上），就是部队优秀的退伍军人。这些军人，在部队里养成了很强的执行力，对上级要求的东西会贯彻得很彻底，而且在部队里很多人还学会了察言观色。可惜他们中的很多人都没有好的平台和机会。在我手上出现过好几个当兵出身、做营销做得很出色的员工。有两个5年前我招的退伍兵，现在都已经买房买车。这些退伍兵，我让他们去跑10个城市，拜访100个客户，他们绝对不会偷懒。他们会完整地去把事情做好，而且还把拜访每个客户的笔记都做好。因为他们心态好，没有高学历，没有什么资本，只能靠吃苦耐劳来做这个事。做基层营销，真个是苦活、累活，而且是个要看人白眼的活。没有一点儿追求的人，还真是受不了这个苦。

因此我最不喜欢听老板说："你看，××这个人没良心，我辛辛苦苦培养了他几年，现在说跳槽就跳槽了。"其实，这是一些老板们认识上的误区，营销是个苦活、累活，特别是基层业务员，没有人愿意一直干下去的，所以每隔个三五年，更换新鲜血液是很正常的。你培养了他，他也为你服务了几年，为你创造了价值。我经常告诉这些老板们，这些人到了你的公司：第一年你培养他；第二年、第三年、第四年，他为你服务、报答你；第五年，要么你就给他升职到一定的位置，要么就是他离开你。铁打的营盘流水的兵，不用指望着把你的营销人员都培养成菲利浦·科特勒，更不要拿大师的要求去要求普通业务人员。从某种意义上来说，基层营销人员也是吃青春饭的，工作一两年到结婚之前的这一段，是基层营销人员的最好年龄。老板自己要有个心理准备，合理安排，就像安排企业接班一样，培养接班人需要有个长远的安排。营销队伍业务员，也要有个阶梯式培养的计划和安排。老板自己要把这个心结解开。只有解开这个结，才能够主动不断地去培养新人，不断地去淘汰。其实，就像部队要保持战斗力，每年都不断要招新兵，通过培训凝聚集体意识和战斗力，之后有些人可能去读军校，有些人可能升职，有些人最后就退伍回家。企业的营销队伍要保持战斗力，人来人往是正常也是必要的。

除此之外，以我的经验，像负责区域的业务员，基本上也应该 3 年一换。不然的话，他在一个地方掌握了所有资源以后，有了盘根错节的地方利益关系，每年业绩很容易就能过关，往往精力开始放在琢磨干自己的事，搞些歪门邪道，甚者还会利用企业在当地的资源完全干自己的事，损害公司利益。所以业务员每隔几年要换一批，至少隔几年把他们相互调防一下，给他新的任务和压力，给他一个刺激，其实也是给他一个更大的空间，让他再冲一把。我一直相信人是不断地需要目标追求的，这样才会有冲劲。

我始终坚持认为，一支有战斗力的、不断进取的营销队伍，是现阶段国内中小民营企业想要向前发展的关键。很多老板喜欢讲自己企业技术领先，管理领先，这不是最重要的，业绩才是关键的关键，技术领先不代表市场领先，但是没有领先的市场，一定不会成功。就算像华为这样的所谓技术型公司，它开始的时候靠什么，靠的也不是技术，它的成功也是靠挖空心思想办法去抢市场，靠的是没日没夜，"五加二""白加黑"的市场开拓。从规模上，当初国内"巨""大""中""华"，华为排最后一名，跟摩托罗拉、诺基亚、爱立信这些国际巨头比技术，更是不值一提。华为最终做大了自己，他闯的第一道关就是市场，一两个亿一两个亿地抢单。当他的市场营销成功，获得丰厚的利润，有了庞大的市场规模，有了庞大的营业额，有了基础以后，他就可以大量地挖摩托罗拉、爱立信的人，去收购一些国际公司，增强自己的技术实力、管理实力。对于广大仍处于发展阶段的中小民营企业，这就是榜样。

绩效考核要接地气

　　年前布置了人力资源做绩效考核，过完年上班，人力部拿来了厚厚的八九页纸，前面三页长篇累牍地讲了为什么要进行绩效考核、绩效考核有什么用之类的内容，然后就是各种系数、备注、条件，最后，我发现最核心的东西也就一页纸。我问为什么要搞得这么烦琐，让人看得云里雾里，答曰这是"标准化"的格式。问哪个标准化，他说人力资源的书上写的就是这样考核的。我顿时无语，勒令返工。

　　此事经我在微信、微博上一发，竟一下引起了大家的共鸣，纷纷发表意见。有位朋友说，2000 年的时候公司请来一位大师给企业做绩效考核，当时听得心潮澎湃，激动不已。发了几十页的表格，填了半天，填得晕头转向，填完了还觉得人家 500 强企业就是牛，就是好，真先进。填完后的一天晚上逛夜市，在一卖盗版书的书摊上，看到一本讲绩效考核的书，拿起来一看，发现当初自己填的那些表格竟然都是书里面的！

　　这听上去有点儿像笑话，但却是真的。某企业一位负责销售的副总给我打电话，说看了我的微信心里很难受，说我说出了他的心里话。他说对他手底下的业务员来说，完成任务拿到多少钱是最实在的，但公司非要对他们进行百般考核，不仅手下的员工怨声载道，自己辛辛苦苦干一年，最后也不知道自己的奖金能不能拿到手。

所以说，在中国做绩效考核，一定要接地气。有管理学家说，企业管理的水平取决于管理工具水平的高低，这话有道理，但是，现在的普遍误区是，企业或企业的人力部门以为绩效管理就是绩效考核，把重点放在了如何考核打分，却忽视了真正要达到的绩效目标。

珠三角地区某企业，非业务部门的高管，拿着高薪整天无所事事，私下还说，没事干先混着，因为对他没考核。而另一大群业务部门的高管，由于历史原因造成的企业欠款等，整天忙着清理库存，降低管理费用，最后业绩虽成倍增长，但却由于达不到考核目标，要被扣工资！

记得以前所在的一个企业，搞360度考核，业务员每天要花半个小时填各种各样的表格，每个星期，还让部门的其他同事对他评价。其实业务员一年到头都在外面跑，一年回总部几趟，让公司总部的人评价他，让其他非直接相关部门的人评价他，这公平吗？有意义吗？业务员都抱怨，每天花这么多时间填表、做数据，还有多少时间做业务？到月底，完成了公司的业绩任务，可是这只占60%，还有同事之间的测评诸如此类的占40%，最后有同事说某人不合群，经常不来办公室，搞活动打乒乓球之类的也不参加，最后搞来搞去可能最勤奋的天天在外面跑业务的反而成了负面典型，也拿不到自己该得的回报，最后只能被逼走人，用脚投票。这个360度测评，推了一年也就不了了之了。

所以说，教条主义的绩效考核会让优秀人才离我们而去。

我们的市场和发达国家的市场不一样，他们发展了那么多年，由此也发展出一套很系统规范的管理流程，而且他们也针对实际不断地发展演变。但中国不一样，市场不规范，企业管理不规范，市场"野蛮生长"，变化迅速。在这种环境下，要鼓励甚至刺激业务员施展他的十八般武艺，如果你太过讲规范，这个不能干、那个不能干，这个要考核他、那个要规范他，你让他还怎么干？哪里还有积极性？特别是做业务的人，你考核他，最核心的就是货卖出去，钱收回来，卖货的利润有多少，客户的流失率是多少，客户的增加率要达到什么目标，就这么简单。就像《亮剑》里李云龙对战士们说的："打下前面的据点，有肉吃，有酒喝！手下战士都生龙活虎！"

对业务人员来说，很简单，就是你给我定多少任务，我完成多少任务，能挣到多少钱，这是最核心的。比如，今年我要做 1000 万，年底我完成了 980 万，还差 20 万，为了这个奖金，我就拼命再去拉单，去找经销商谈，把所有办法都用尽还不行的话，为了这个奖金，我甚至愿意自己掏钱买货，这很正常。所以，大家都笑话说，所有让业务员算不清楚自己能得多少奖金的绩效考核都是耍流氓。

其实，绩效考核的工具多来自外资企业，而我们国内的人力资源部门在运用过程当中，往往没有掌握要义，只是学到了表面，比如烦琐的表格、员工签名等，往往搞得员工怨声载道。

像这几年关键绩效指标（KPI）很吃香，但真正能运用好 KPI 的企业却少之又少，往往除了增加一大堆考核报表，开无数次考核会议，额外增加员工负担之外，鲜见实效。其实，外资企业自有一套成熟的公司发展与员工培育计划，有非常规范的内部流程，这其中包括部门与部门间的工作流转规定等，如果要学，就要学来一整套的东西，而不是觉得某个工具好用，就随手拿来了。

我发现，国外的各种绩效考核、测评之类的工具，总是热热闹闹引进来，各领风骚三五年，最后的结果往往是无疾而终，都是表面文章。这些年，新的测评工具、新的名词仍是不断涌现。

本来，绩效考核工具应该是企业管理的辅助手段，但有时被"用力过猛"的人力资源部门变成了佐证他们自身绩效的手段，变成了在老板面前邀功的手段，这样的绩效考核，自然不接地气，实施效果变成负面的也就不足为奇。

身边太多的案例说明，中小企业绝不能照搬大型企业的所谓规范管理、绩效考核。前几年深圳有家兄弟创业做设备的企业，近年因为企业规模越来越大，深感管理内功不足，兄弟俩听了一些工商管理硕士（MBA）课程后，对大企业的绩效考核、规范管理无限仰慕，花大力气挖来华为的一个中层，做公司常务副总，由他操刀给企业制定各种规范、绩效考核。没曾想这位兄弟只会依葫芦画瓢，削足适履，最后把企业搞得人心离散，自己灰头土脸走人不算，还得老板自己再来收拾残局。

所以我认为，绩效考核，特别是对于业务员的考核，一定要简单明了，直截了当，能够一页纸讲明白的，绝不用两页纸。对此，一位负责人力资源多年的好朋友也说，她现在的企业，"三页纸搞定高管考核"，"长篇大论搞考核的，都是为了专业而专业无能的人力资源"。特别是对于基层业务员，不要搞一大堆的企业价值观宣讲，这个考核或那个考核，没有意义。最基层的业务人员，首先解决的是他们的吃饭问题、收入问题。网上有篇流传甚广的名为《绩效主义毁了索尼》的文章，该文作者认为过于强调绩效，让工作和收入直接挂钩，是造成员工急功近利、自发工作热情下降、创新激情受抑的主要原因。就像索尼公司的创始人所谓：工作的最好报酬就是工作。这固然不无道理，但也似是而非。

对于业务人员来说，一个好的平台比什么都重要。不用跟他讲长篇大论，特别是在他一个月只挣两三千元钱、想买件好衣服都买不起的时候，挣钱是实现他价值的最好办法。辛苦工作，努力卖公司的产品，服务好客户，挣到改善自己生活的钱，让他看到他的付出有回报。然后才说得上发展，才是满足精神追求的阶段。企业要为员工搭建公平的发展平台，业务员做好了，升区域经理，区域经理做好了，升大区经理，升总监，升副总经理，升总经理。管理大师说过，两类岗位的人最有机会成为总经理，一是做财务的，二就是做营销的业务员。到了这个阶段才真正了解到了工作的回报不仅仅是金钱，职务的提升使"工作的最好报酬就是工作"成为更普遍适用的原理。

所以回过头来，绩效考核确实很重要。没有绩效考核的话，怎么干，干多干少会怎样，那都是空的。绩效考核工具用得好，那就是"千斤重担分下去，人人都有担子挑"；绩效考核工具如果用得不好，那就是怨声载道，负面效应大过正面。所以搞绩效考核要靠一整套管理体系来支撑，而这套体系更要根据每个企业的不同情况、所处的不同阶段来考量。所以，既不能想靠一纸绩效考核解决所有管理问题，但也要充分重视绩效考核的作用。对于基层业务人员，绩效考核的一页纸虽然不能解决所有的问题，但至少要能解决80%的问题。对此，我的意见是，首先锅里有了，碗里才会有。公司挣了钱，员工才有钱挣。绩效考核要让员工看得懂、算得出、有奔头。签订的责任书要切实可行，目标不怕高，但需要是通过努力可以达到的。如果高到怎么努力都完不成，签了又有何用？最后，绩效考核双方制定的规矩，大家都要重承诺，不能破坏。

说到底，西方的东西拿过来，要懂得化繁为简，落到实处，接地气。

以前是员工听企业的，现在的互联网时代，是员工听顾客的，企业听员工的。听话的业务员往往业务做不好，不听话的业务员往往业务做得好。不管是对听话还是不听话的业务员，我们都要有一套能够真正适用的考核办法。

话说激励的刚性和柔性
——论功行赏年终奖

每到过春节，风里来雨里去的营销人都要回家和亲人们团聚了，回家拿什么给老婆孩子交代？年终奖是最大的期待和收获。

众所周知，前两年整个经济状况很不理想，股市长阴，房市不振，实体企业吭吭哧哧都干得很辛苦。但不管再怎么糟糕，站在企业员工的角度，辛辛苦苦干了一年，还是希望能够多多少少获得些回报。所以一到年底，对许多企业老板来说，也是一年里压力最大的时候。有钱要有有钱的说法，没钱也要有没钱的说法，虽然电视剧《乔家大院》里的"尾牙宴"现在已不时兴，但企业和老板对员工的承诺和激励，仍然要做到位。

年前有承诺，有业绩考核，也许有老板说，按制度办、按规定办就行了。这当然没错，作为激励手段中的刚性原则，需要遵守，但具体到今年这种实际情况，在刚性原则之外，老板如果能够胸襟更开阔、把对利益的追求看得更长远，弹性处理，必将俘获更多的人心。

我认识的一位老板，他是怎么处理这种事情的呢？他说，今年是他创立企业 20 年来最不理想的一年，公司经营下滑幅度大，几乎所有部门在年初的时候都对今年形势估计不足，原以为可以做得不错，制定了各项增长的业务指标，但现在却是所有的考核指标都不能完成，而且业绩出现很大的下滑。不过，对比同行，下滑程度却还是相对比较好的。他认为，虽然大家没有完成任务，与年初签订的销售目标差了很大一截，但这是因为这一年整体行业环境不行，并不是大家没做好，他决定年终奖照给。给钱之前，他对手下强调了下面这些话："如果我按照年初定下的指标考核，大家一分钱都拿不到。但你们这些销售人员，一年下来都勤勤恳恳兢兢业业，特别到年底这段时间，大家都在出差，都在冲刺，都在追回款，我是长眼睛的，我看得见。站在我这做老板的角度，我不给大家一分钱，严格按照目标考核，我没有任何过错。但是从个人的角度来说，大家都努力了！企业再不容易，也比员工要容易。企业和个人比起来，相信个人的困难还是比企业更大。大家都是兄弟姐妹，都要养家糊口，今年碰见经济形势不好，这是没办法的事。虽然企业今年不怎么赚钱，但起码还没亏，赚了点儿小钱，所以我准备把这部分钱拿出来，先给大家。但我要跟大家说清楚，今年所有的目标都没完成，而且还跟我们的目标差距很大，我给大家分这个钱，是我自己的钱，这是对大家今年辛辛苦苦、勤勤恳恳付出的回报，也表明我认可你们的努力，希望你们和企业同甘共苦。但我要跟你们说清楚，我不给是没有任何问题的，给你们发钱有我发钱的道理，但你们不要认为我傻，而且，明年我就不会再给了。"

这是发生在我身边的一个真实例子。什么叫儒商？我觉得这个老板的做法，就是讲仁义、重情义的儒商之所为。制度是无情的，人是有情的。我个人相信，现代企业激励制度的刚性和中国传统儒商文化的柔性结合起来，会使企业更强大。

其实除了我身边这个例子，2012年也发生了联想集团首席执行官杨元庆把自己得到的奖金分发给基层员工的新闻。因为经营得力，联想集团业务增长迅速，杨元庆获董事会奖励300万美元。不管在西方还是在国内，这种奖励都是CEO自己一个人该得的，完全可以受之无愧，但杨元庆却把董事会奖给自己的这300万美元分发给了包括助手等在内的大约10 000名基层普通员工。事后他表示，把奖金分给员工，是因为他知道没有大家的努力，就不会有联想集团业务的增长，更没有他个人的成功，所以把钱分给大家是应该的。杨元庆的惊人之举感动了很多联想的员工，他们觉得，这样的管理者值得信赖和依赖，这是一个可以同甘苦共患难的老板。美国媒体对此行为亦赞赏有加，并称"这位来自中国的电脑集团CEO将重塑你对人性的信任"。确实，这种事情对老外来讲似乎不可想象，但在中国的传统文化里，财聚人散，财散人聚，聚财气与聚人气之间，一直有着十分微妙的关系，杨元庆此举，在我看来，本质上与上面我认识的那位老板所为无异，都具有轻利重义、仁义爱人的儒商气度和豪阔胸襟，值得敬佩。

当下中国的企业，需要更多杨元庆式的老板。特别是在严峻的经济环境下，再怎么有本事的老板或企业管理者都独木难撑，需要更强调企业的凝聚力，需要靠大家一起努力，如果每个老板都有这种开阔的胸襟，那什么困难都不是困难，一个企业所有的人员如果能够团结一心，企业的生产、销售、研发、后勤能拧成一股绳，大家都急企业之所急，想老板之所想，这种力量将无比强大，有什么困难是不能够克服的呢？

可惜现实中有这种胸襟的老板或企业管理者始终是少数。我认识的另外一个老板，几年下来企业的规模始终做不大，为什么呢？这位老板工作也很投入，也有想把企业做大的雄心和斗志，他每年年底都会和大家签订第二年的任务、指标、费用比例，这很好，这也是管理中必须制定的刚性制度。但问题是，在执行的过程当中，他太过事必躬亲，喜欢直接干预各个项目，也不管每个部门定下的预算额度，经常强制要大家去做他想做的一些事情。最后到了年底，企业虽然也赚钱，但各部门因费用指标或其他某些考核指标达不到要求，所以这时候，老板就会以此为据，并以企业没赚钱或少赚钱为由，跟大家说只能"象征性地给一点儿钱"，然后关系好的，多给一点儿，关系不好的就少给，搞得一众员工，从高管到中层再到基层，私底下都很恼火。更甚者，有时候老板还会以企业困难为由，干脆不给钱了，就买一些礼物送给大家。要我说，这种老板的心态极不好。其实，作为企业管理者，给员工兑现财富的奖励应该是最基本的承诺。但往往有些老板很自大，没意识到这一点，认为自己是员工的主宰者，认为自己做的是为整个企业发展考虑，忽悠一下员工，克扣一下员工，没什么大不了。其实，天下最难测的就是人心，人心易散不易聚，老板最好不要对员工做这种投机取巧的事情，贪小利舍大义，人心散了，队伍肯定不好带。特别是在最困难的时候，善待员工，员工才能和企业共度艰难时刻。

除了发不发年终奖是个问题，什么时候发年终奖也是个很重要的问题。考虑到激励效果，年终奖尽量要在春节前发。其实很多小公司、小企业传统上一般都这样，但之前我所在的一家上市公司的年终奖，却要等到春节后，要等会计师事务所审完以后才能发给高管。而老板在年初跟大家做动员的时候就告诉大家：只要大家把业绩做好了，年底每个人都能拿到自己的奖金，到了年底，公司赚钱了，财务也算出帐了，赚了多少钱已经很清楚，只是没经过审计，所以老板向董事会请示，能不能给大家先把奖金发下来？但董事会迟迟不批，怎么办？这搞得老板很难做。最后，他说，先从我的钱里扣，先把我的钱发给大家。这就是中国的传统文化，这也是为什么有那么多人力挺我们这位老板的原因之一。

所以说年底这个奖金发得好不好，春节前发和春节后发，虽然钱数一样，但效果就是不一样。特别是许多驻外的营销人员，一年到头，别妻离子在外漂泊，风里来雨里去，有些甚至大半年才回家或回公司一两次，每年就图着年底拿这个奖金，如果年底都拿不到奖金，回家去，你让他怎么向家人交代？虽然他也知道过完年后公司发奖金不会少他的，但仍旧会感觉很失落。将心比心，不管是公司高管，还是普通营销人员，感受都是一样的。迟到的正义非正义，迟到的奖金一样会让幸福感大打折扣，削弱员工对企业的归宿感，打击了企业的凝聚力和战斗力。所以，在这里给大小企业的老板们进个言：论功行赏发好年终奖，凝聚人心，继续向前！

成功无捷径，只怕有心人

这几年因为工作的关系很多时候待在外地，住宿舍免不了要找人打扫，最近一次请钟点工的经历让我很感动。那天请了两个钟点工来打扫，中途我出去了一下，回来发现他们把床垫都抬开了，正在扫床底下的灰尘。虽然之前也经常请人搞卫生，但因为那张床是那种床底近乎封闭的设计，很难清扫，从来没有人清扫过床底，甚至连我自己都从来没想过去要求他们搞床底下的清洁。我很惊讶，特意问他们，其实你们不搞这床底下的卫生我也不知道啊，你们为什么连床垫都抬起来了？清洁工回答我说，你这床底下可能别人搞卫生的时候都不搞，我今天不帮你打扫你也不会知道，但是以后久了总有一天你会发现床底下很脏，会骂我们的。我想给你搞干净了总比不搞要好吧？做事还是用心一点儿嘛。坦荡荡的回答令我大为感动，也觉得很受启发。虽然之前说好 80 元的工钱，我当时就给了 100 元，作为对他们认真做事的奖励。

做事用心不容易。其实，很多做营销的年轻人最缺乏的就是做事踏实、用心。这些年看到很多读营销、读管理出来的大学生，到了企业从事营销工作，总觉得自己就是学这个的，在学校的时候又参加过什么竞赛、活动，得过奖，等等，就认为自己很懂营销，就应该做营销。但在实际工作中，很难感觉到他们对人对事的踏实和认真，几年下来，往往都难成大器。更有甚者，有些所谓读经济、营销或管理的毕业生，到了企业工作，往往也未必就被安排在营销的岗位上，那他们就更容易有怀才不遇之感，做事就更加马虎应付，心比天高，技比纸薄。

和许多天之骄子们相反，底层业务员的踏实韧劲却常常让人刮目相看。前不久朋友还和我讲了这么一个真实的故事。有个快递公司的快递员，负责大概七八个小区的投递业务。这人很有心，每天送快递的时候，会把客人的购物习惯，买的东西，分门别类，做好资料统计，比如某座某号房的业主，经常购买儿童用品；某座某号业主，主要购买服装；某座某号业主，经常购买电子产品之类的。半年时间下来，他就把该片区的网购信息整理出一份比较完整的资料，并把这些信息卖给购物网站等有需求的单位，而且自己也在大半年之后，结束了自己的快递员生涯，改行到购物网站做业务。当然，买卖网购资料涉及个人信息隐私保护，行为我不提倡，但却不能不感叹于这个快递员的"有心"。所谓世上无难事，只怕有心人，如果能够踏踏实实用心去做好一件事，必定能比别人的收获更多。

网络时代，资讯收集手段先进丰富，类似百度之类的搜索工具很好用，我自己也得益不浅，常常借助网络来获取信息。但如果过度依赖这些网络工具，什么东西都靠到网上搜，这样就容易出问题。

有一次，公司一批新品的定价出来，我感觉与我所掌握的价格水平有很大差距，我问公司财务，这些价格是怎么定出来的？她告诉我说，第一是到网上搜索那些竞品的价格，第二是计算自己的成本，主要就是通过这样的价格模型做出来的定价。应该说，这样制定价格有一定的合理性，但却不完全对路。于是，我用了整整一个下午的时间，花了好几个小时，在北京跑了七八个商场，四十多个专柜，把竞品价钱几乎统统看了个遍，结果发现和相关工作人员了解到的有很大差距。为什么呢？因为相关工作人员在网上搜来的数据，有的是时间比较长近乎失效的，有的是网上经销商打折促销的，跟实际数据相差较大。最后在我的要求下，重新定了价。

可能因为时代及成长背景等诸多因素的影响，新生代的营销人员，偏偏喜欢过分依赖网络工具，不愿意走出去。其实，网络工具在给大家的工作提供便利的同时，也很容易助长肤浅偷懒、投机取巧的工作作风。

所以说不管是基层营销人员，还是主管级别的管理层人员，绝不能光上上网，听听汇报，就做任何的判断或决策，踏实用心什么时候都是干好营销工作的基础。记得1998年，我当时在TCL做营销的时候，有一次做一款产品推广，我们差不多用4天时间跑了4个省，第一天在安徽合肥搞活动，结束以后吃完消夜连夜开车到南京，南京结束连夜又赴上海，最后到山东。当时年轻，一心只想把事情做好，休不休息都无所谓。苦干、踏实，这是基本素质要求。这种基本素质，很多时候要强于一个人的学历和智力。

前几年我手下有个小伙子，毕业于名牌大学，每次做调研报告、工作汇报之类的都从百度上搜索资料做PPT，而且都是做十分好看。特别是有领导在的时候，小伙子表现得口才也好，形象也好，能力也强。可是，这小伙子唯一的缺点就是不能吃苦，做事比较喜欢取巧，做个PPT，很多内容也经常是从网上找来的，许多数据华而不实，跟现实有很大差距。七八年时间过去了，大家都说他是个人才，有想法，觉得他能力超群。可偏偏就是这样一个人才，和同时期进来的其他几个显得不如他的同事比起来，反而在业绩上无所建树，甚至可以说一事无成。另外那几个小伙子，虽然好像人不够机灵，但我看到他们经常是在出差见客户的路上，经常陪客户，用心交朋友。这些实干肯干的苦孩子，七八年下来，最后自己都干成老板了。这样的例子，起码我亲身经历的就不止一个两个。记得我多年前在山东，曾经招过一大批业务员，这些员工里面有两个学历最低、当兵出身的，大家都不太把他们当回事，觉得他们没文化没学历，大老粗一个，能出什么好业绩呢？许多年过去了，当时那些学历高的有的至今还在当业务员，有的也有些小成就了，但在这拨人里，偏偏就他们这两个当兵出身的做得最好。为什么呢？因为他们知道自己起点低，所以从一开始他们就很踏实勤奋，别人不愿干的他们主动干，别人不愿学的他们主动学，经过这七八年的砥砺磨炼，现在，他们已经自己当了老板，发展得很好。而且，即便现在他们当了老板，仍然很勤奋。

以前我对电话营销有偏见，后来有一次和一个做电话营销做得很成功的女孩聊天，她的实践让我改变了看法，并对她充满敬意。她说，很多时候没有希望就是寻找希望的时候。她常常是打 50 个电话，未必有 3 个人能听她把电话讲完，但她坚持打，一直打，甚至打到人家接不到她的电话还不习惯了。按他们的统计，给 1000 个人打电话，能有 10 个人做成生意，就已经很了不起了。这需要什么样的毅力和恒心才能做到？很多时候，我都拿这个事例检视自己：能以如此坚持的态度去工作和做事吗？

有些做营销的年轻同仁很想像练武功一样速成，总希望能找到什么窍门让自己可以一步登天。我 20 多岁的时候曾经也觉得自己很懂，觉得自己头脑灵光，营销点子也多，只要找到机会，成功轻而易举。但其实不是那样，一路走来，该吃的苦头，该遭遇的失败，一样必须经历。现在我过了 40 岁，才发现自己做营销做了这么多年，现在才真正越做越顺，因为这近 20 年来，我五湖四海广交朋友，无数实战经验累积下来，这才使我做很多事情有了更多的资源，在做事情的时候能有许多朋友给我不同的意见，才能不断取得成功，也才能使自己对营销的理解真正进入到一个新的境界。《倚天屠龙记》里张无忌的武功可以速成，但营销路上的成功没有速成。

第三章

经营之道须躬行

中国职业经理人的忠义情结

一直想写一篇"中国式职业经理人的忠义"之类的文章，但每每跟爱人讨论起这个话题，就被她嘲笑自己不够"职业"，思想陈旧，也因此屡屡搁笔。在她看来，讲"忠义"便是君君臣臣的封建社会那一套，与时代大潮中的现代企业管理根本就是不沾边不靠谱的事。

也许我确实思想陈旧，也许我的想法不合时宜，也许更多的还是受我自幼喜欢的《三国志》的影响，"忠义"二字始终刻在我脑中挥之不去。更重要的是，在我的职业生涯中，在我身为职业经理人的这些年间，不管是从一个实践者，还是一个观察者的角度，我都认为中国职业经理人的忠义情结客观存在，并且也应该是中国式职业经理人区别于西方职业经理人的最大特点。

当然，如果读者诸君非要像我爱人一样，和我死抠"忠义"二字太传统的含义，拿封建社会那套"君要臣死，臣不能不死"的这种"忠义"来反对我的观点，我自然是无话可说。但所谓"每个人都有每个人心中的哈姆雷特"，时代巨轮滚滚向前，我对现代所谓"忠义"的理解，其实很简单，也就是忠诚以对，做人要讲情义，知恩图报，不能利字当头，背信弃义。

其实一说这个话题，就很容易让人联想起几年前国美电器的陈晓与黄光裕之争，这也是职业经理人与企业创始人矛盾冲突最激烈的一个案例，这一事件无形中也引发了中国职业经理人形象危机，给职业经理人与企业创始人之间本已脆弱的关系又蒙上了一层阴影。陈晓借黄光裕锒铛入狱之机，与贝恩资本联手，以巨额期权利诱策动高管层逼宫夺权，并声称自己是为企业为股民负责。事过数年，此中是非，至今见仁见智，站队支持陈与黄者各自有之。但客观来说，支持陈者始终为少数，且支持者也只能以他很西方、很现代、很"职业"为由，但从根本上，始终难洗清其作为职业经理人，乘人之危，乘企业之危，利字当头、上下其手、不忠不义的负面形象。

其实，现代企业管理讲信托责任，讲对全体股东负责，但也并没有就绝对要求不对企业大股东、企业创始人负责。理论大家都懂，学院式答案也很简单，但如果把这个理论拿来作为背叛的幌子时，相信大家都会嘘声一片，这也是陈晓与黄光裕之争中，陈晓不仅得不到企业老板们的支持，也得不到职业经理人群体普遍支持的最重要原因。

在现实环境中，如果企业是上市公司，职业经理人也确实应该对全体股东负责，但这种负责，未见得一定要以背叛甚至伤害企业创始人作为代价，这两者还是能从中找到平衡的。如果非要以极端情况来说事，那么，作为职业经理人，我宁可选择出走也不选择背弃。实际上，就我所知道的，有哪个企业创始人不是像爱护自己的孩子一样爱护自己一手创办起来的企业呢？特别是那些心怀梦想，真正谋求企业长续发展，想做百年基业的企业创始人，还有谁能比他们自己更热爱自己的企业？所以在此意义上，忠于企业和全体股东与忠于企业创始人之间，并没有必然的矛盾。当然我也不否认，在这个社会上，确实有少数公司为了圈钱、为了解套，志不在企业而仅仅在于圈钱坑人的老板，但这种胸怀和格局都有有限的老板，自然非有志有为之职业经理人的跟随对象，若不幸跟了，也好合好散，讲忠义但也不能愚忠。

中国式的职业经理人要以忠义立身，这其实也是中国的职业环境所决定的。我们当下所处的职业环境，表面似乎在和西方接轨，但实际却有大不同。国外的职业经理人都会签竞业协议之类的，受到有效约束，反过来，相关的法律也对职业经理人的权益给予了充分保障。而我们既缺乏真正有效的竞业限制，同时也缺乏对职业经理人自身利益的制度保障，在这种环境下，老板与职业经理人之间的关系就很微妙，相互不信任，互设防火墙就成了普遍现象。其实，并非西方的企业管理制度不好，也并非西方的理论有错，但在当下中国的现实处境中，"职场江湖"确实有其自身的一套"江湖规矩"，而作为中国式的职业经理人，就不能不深谙中国的文化，践行《三国志》中讲忠讲义的传统，以此来获得信任，从而拥有自己施展抱负的平台。

我从 TCL 出来，正式踏入职业经理人行列已经近二十年，进进出出也有好些企业，而且还都是跨行业的企业，我给自己定的原则就是，清清楚楚进去，干干净净出来。第一，不到竞争对手的企业；第二，出来不说老板的是非；第三，出来不挖企业的人；第四，只要原来的企业有需要，能帮的仍照帮。也正因此，这些年来，我都和我的前任老板们成为了好朋友、好兄弟，闲时见个面喝个茶，有事他们也愿意找我回去商量帮忙。真正的人生财富积累，莫过于此。

也许正是因为中国职业经理人不易为，所以时不时都会有职业经理人自己创业，自己当老板的事情。虽然有句名言说"不想当将军的士兵不是好士兵"，但在职业经理人的队伍里，往往却是想当老板的职业经理人成不了一个好的职业经理人。当然，这句话有玩笑的成分，人各有志，特别是不管是职业经理人，还是其他什么人，有创业梦想并为之践行，不管成功与否，都值得尊敬。但最不堪的就是利用自己的职业经理人身份，损公肥私开自己的公司赚雇主的钱，或者利用原来企业的资源挖企业的墙角、创自己个人的业。

我曾经认识某企业一营销高管，在该企业干了 5 年，熟悉了所在行业特点之后，利用老东家的客户资源，在没有任何征兆的情况下，自己出来创业，挖了公司十几个人，抢了企业原来的客户，做自己的生意。原来的

| 和董事长王锐祥一起庆祝锐丰音响二十年 |

老板气坏了，但也无可奈何，只是逢人便说他的不是，大家一说起来也都认为此人人品不行，不愿和他打交道。这导致他在行业内口碑很差，生意也一直做不大。

还有个职业经理人，跟老板干了十几年，在某公司任高管，得到老板的高度信任。有一次，老板因公司涉嫌偷税漏税被拘。他见机，竟联合其他两个长期与老板不合的股东，说这个企业一直是我操盘的，现在董事长出事了，我有能力把企业搞好，只要你们支持我就行。老板被拘期间，他采取各种手段威逼利诱，通过召开临时股东大会等，意图取得控制权。后来事情不遂，老板被释放出来了，毫不犹豫就把他"请"走了。行业内人士知道此事后，都不屑与其交往。

实际上，大家都知道当下中国民营企业经营之大不易，环境恶劣，做得再大的民营企业，风波一来，都可能被连根拔起，中国的企业家们，都是战战兢兢、如履薄冰。众多中小民营企业，更是经不起风吹草动，在这种恶劣环境下，职业经理人如果不讲忠讲义，老板怎么肯又怎么敢给你授权，怎么会把企业托付到你的手里呢？

讲到托付，不禁联想到企业传承问题。改革开放三十多年，目前已经进入第一代企业家陆续交班接棒的集中期。大连万达集团股份有限公司董事长王健林在接受媒体采访时谈到企业传承问题时，表面上似乎心态非常开放包容，并称自己并不主张一定由家族传承，还以沃尔玛创始人把企业交给职业经理人，而非交给自己儿子妻子为。话虽如此，他同时也称，要看其独子王思聪能不能服众——"要看大家拥不拥护他"。他称"这帮老臣是跟了我的，如果传给他，这帮老臣能不能接受、能不能拥护？或是将来他要在我的公司慢慢培养他自己的权威"。其实，家族企业代际传承也很正常，但在现实中，往往会出现"扶不起的阿斗"的现象，这个时候，作为企业家的理智告诉他们,让有能力的职业经理人接手会是更好的安排，但前提就是，要有能让他们真正放心，真正忠诚于他们、忠诚于企业的职业经理人，而这一点，在目前的现实环境下，实在太难。所以，很多企业家宁可把企业交给明知并不胜任的儿子、女儿或者女婿，也不会把企业真正托付给职业经理人。所以我认为，能够以忠义立身，赢得老板信任，辅佐成功民营企业的二代接班，也将成为当下中国式职业经理人重塑形象的一个机会和挑战。

当然，职业经理人要对老板讲忠，老板也要对职业经理人有义，这又是另外一个话题，以后有机会另文再叙。中国自古以来讲究"买卖不成仁义在"，所以，不管是"绝配好搭档"还是"冤家路窄"，中国式的职业经理人与老板之间，往往在现实的商业合约之外，更多一份无形的情义契约，虽不著于笔墨，却存乎意念人心。忠义无价。

企业管理也要反腐败

闲坐读中国共产党十八届三中全会新闻时，看报道都在说主题是要继续深化改革。改革不是一个什么新词，这几十年来已经提了无数次，但改革就必然触及既得利益集团，必然要反腐败。国家要反腐败，但其实身在企业，作为一个企业管理者，要推进一个企业的变革发展，何尝不也要"反腐败"？

国有企业因其制度性特点，其中的一些腐败现象大家都有目共睹，已经有太多的媒体报道、专家分析这些不良现象。我今天要说的现象，针对的主要是非国有企业，也就是各类民营独资或合资企业。一般而言，这类企业普遍被认为成本控制会更强，企业效率也会更高，腐败现象似乎与此类企业不沾边。但在我看来，在这些企业的内部管理中，一样存在腐败的土壤，一样会有腐败现象，值得管理者警醒。

虽然中国改革开放才三十多年，但成长了十几年、二十几年的企业有很多。能够经过这么多年存活下来，已经算得上是个小有规模的企业或集团，普遍都存在部门众多、人事关系错综复杂的现象，而在这些错综复杂的人事关系背后，往往还蕴藏着一些已经广为企业内所知，或不为外人知的腐败现象。作为一个职业经理人、企业高管，进入一个新的企业，要做事，要改革，要推动一些事情，就必须要反腐败，而这一动作，往往就难免触动到原有的各种利益关系。

其实在和很多同道中人聊天时也都会经常谈到，作为职业经理人，老板慕名把你请来，目的就是要让你发挥你的所长，让他的企业或者他交付给你的某个部门、某块业务，做好做强，获得成功。但现实是，职业经理人作为一个外来者进入一个已经发展了二十年左右的企业，要做任何一个改变、推行任何一项改革都很艰难，功败垂成者众，成功者少。要知道，腐败利益链形成易，改变难，很多职业经理人都是因为触动了企业的腐败链条，触动了既得利益者，从而被合力"绞杀"或驱逐，这也是职场"江湖"常见的现象。

就我的经验和观察，我认为，成长了十年以上、家大业大的企业特别需要反腐败。中国的民营企业，发展多年来不可谓不规范，一直也很注重在管理过程中学习所谓的西方管理经验，很多西方企业的福利政策我们也学过来了，当然，这其中自然有非常好的具积极意义的一面。但有些企业的福利政策，慢慢地却变成了滋生腐败现象的温床，这一点是企业管理者要特别警醒和注意的。比如我所知道的某大型企业，福利很好，交通补贴、餐饮补贴、通信补贴，诸如此类的各项福利政策都有。福利好自然是好事，但在执行过程中，由于企业发展 20 来年，往往新的福利政策出来，同类的旧的福利政策并没有及时废止或改变，不断叠加，极大地增加了企业的负担和成本。而既得利益者则乐享其成，特别是一些中层管理者，并不会站在企业的角度，主动提出删减。比如某企业，就像机关单位对各级别领导干部提供交通补贴一样，对其做到一定职位层级的管理者，也会执行每个月多少钱交通补贴的政策，比如说，做到经理级是 1500 元，总监级是 2000 元，再往上是 3000 元、5000 元之类。我发现，有些享受该项补贴的管理人员，在拿着这一份补贴的同时，又心安理得地享受着企业的公车接送，这种腐败现象，一开始还比较隐蔽，公车接送的原因有时候是因为喝了酒，有时候是因为身体不舒服什么的，总之原因很容易找。但企业家大业大，企业里的所谓"老人"一起待久了，大家都有纠缠不清的利益关系，相关各部门于是都睁只眼闭只眼。久而久之，公车接送就成了习惯。于是，交通补贴照拿，公车照用，企业的成本支出大家都懒得去想去管。此种现象，与某些政府机关公务员的公车腐败并无二样，只是公务员花的是纳税人的钱，自当更受监督和谴责而已。

当然，这种"腐败"还算是小腐败，更大的腐败，则是内外勾结，利益输送。国内经济不景气时，很多企业都做得很难，老板们也都做梦都想着控制成本、增加利润，但往往不管怎么控制成本、节省费用，最后发现省来省去都还只是小钱，而杜绝内外勾结才能堵住最大的漏洞。这种利益输送链条，虽然隐蔽性很强，但其实天下没有不透风的墙，大家都心知肚明，也许就老板一个人不知道。比如，比较常见的就是，某一个旧同事辞职了出去创业开公司，做的就是给原企业配套的某样东西。刚开始大家可能仅仅出于同事感情，仍在企业里的老同事觉得对方创业不容易，出于好心把公司的一些业务给出去创业的这位同事做。但慢慢地，这种业务往来就会变质。一开始，也许只是逢年过节送点礼，致个谢，包个红包之类的。但之后随着业务量的加大，或者有利可图的配套增多，就会自然而然地演变成直接给回扣，给几个点，甚至合作开公司，形成牢不可破的利益链条，利益输送就发生了，公司利益自然受损，成本怎么可能不居高不下？我发现，有些企业老员工，或者在公司干了十几年的企业高管，宁愿拿着低工资，守着已经激发不起自己热情的企业，甚至愿意天天挨着老板的骂，就是因为自己在外面开着公司，利用自己的岗位职权和外面进行利益输送。这已经成为阻碍一些民营企业继续做大做强的毒瘤和障碍。而一些老板对于企业里已经跟了自己十几年的老臣子、老兄弟，碍于人情，碍于面子，一遇到这种情况，往往左右为难，有些心软的"好"老板，甚至也睁只眼闭只眼，只要对方稍知道收敛些，就当看不到了。殊不知，这种内外勾结、利益输送，对于企业文化、员工心理、工作风气产生了巨大的不良影响。对于此类事情，公司不处理，老板也不管，最后大家就学着去做，权力大的有权力大的做法，权力小的有权力小的招数，反正不做白不做，最后企业内部管理的腐败，必将导致企业竞争力的丧失。我知道的某家公司，接到大的项目单时，往往需要外包给其他公司协同去做。其一部门负责人，利用企业这一业务特点，专门让公司一员工辞职，在外面成立一个自己的小公司，自己所在公司有业务施工需要外包时，就把项目给自己的小公司去做。可想而知，这样内外勾结，怎么可能保障施工质量、控制成本？而且时间一长，公司里的人也都知道了怎么回事，于是有样学样，损公肥私、中饱私囊就成了正常现象。

当然，不管是作为企业员工还是中高层管理者，自律很重要，只是在相信每个人的自律之外，企业内部管理更要注意"反腐"、加强内部监督制约机制和措施。

民营企业管理人要行"大道"

　　和一些同在民营企业担任高管的朋友交流的时候，经常会听到他们在管理上的一些抱怨：比如说手下的某个部门经理做错了什么事情，应该批评和处罚的时候，却因为他是老板的亲戚或者是公司创业元老等原因，管理起来畏首畏尾，不知道该如何下手。还有当发现管理漏洞的时候，一旦涉及是某位领导在管理的，由于害怕引起矛盾，就选择息事宁人，睁一只眼闭一只眼。

　　在今天的中国经济格局中，民营企业已经成为很重要的一个组成部分。我个人以为，民营企业更是最具有战斗活力的企业，在做企业的朋友圈子里面，以前在国有企业的占 50%，在外资企业占 30%，民营企业占 20%；现在恰恰调了个个儿，在民营企业干的占到 50%，外资企业占 30%，国有企业占 20%。而且，由于近年来民营经济的快速发展，民营企业的实力不断壮大增强，市场份额不断扩大，越来越多的民营企业产品在夯实中国市场的同时，开始跨出国门。民营企业在发展中，需要越来越多的优秀人才加盟，旧有的团队和管理模式，必然和新进的管理人员发生碰撞和矛盾，旧有思维和新思想碰撞时有发生，不可避免。如何处理好企业内部的这些矛盾，往往是摆在新加盟人员面前的一道难题。

曾经在 TCL 工作，在外资企业担任过 CEO，在锐丰音响、雷士照明等民营企业工作多年的我，经常和朋友们分享我在民营企业工作的管理心得。在我看来，民营企业的管理相对于国有企业、外资企业来讲，其实相对比较简单。我认为一个管理人员加入民营企业担任高管后，应该从以下几个方面来入手。

管理行"大道"，对事不对人

作为一个外来的"和尚"，加盟民营企业担任高管的人首先一定要明白：一个民营企业家要请一个外来的经理人担任高管，在内部是有很大的压力和阻力的。民营企业要请经理人的目的只有一个，就是希望高薪聘请的经理人在企业管理中运用原有团队不具有的管理方法，发挥新的带头管理作用，能促进企业新一轮的前进和发展，帮助企业在同行业竞争中脱颖而出。这种心理需求在民营企业遇到发展瓶颈的时候，对于企业老板来说，显得尤为迫切。所以从这个角度上，对于经理人来讲，发挥所长为企业服务，助力企业成长就是你要做的事情和肩负的使命。

正如前面所讲的，加盟民营企业后无可避免地会出现这样那样的非正常管理问题。经验告诉我，那些加盟民营企业的经理人，一旦陷入到民营企业错综复杂的关系中，管理就容易失去科学性和公正性，"阵亡"只是迟早的问题。在民营企业里面，你的老板永远只有一个人，那就是请你来的董事长，你要做的事情只需要对他负责就足够。我们要坚持的就是在管理上对事不对人。

民营企业的发展都有它的历史性，许多民营企业里面往往都会有董事长的亲戚朋友的存在。每个部门负责人都是老板信任的人。他们都可以和老板无话不谈，再加上长期跟随左右或者有血缘关系，相互之间的了解也是很深的。老板的旧团体中，各部门长期也是相互"斗争"和制约的，这一点，老板其实比谁都明白。但面对新进经理人的时候，出于自然的正常或不正常的防御性反应，这些"旧势力"又会空前地团结起来，和经理人作"斗争"。

新的经理人加入民营企业后，如果和旧有团队的任何一个部门关系走得近，自然会有人去向老板汇报，无形中给你在该企业的职业生涯蒙上阴影。所以，只有在企业实务中，坚持对事不对人，才会有你的立足之地。在管理上，按原则办事，按制度办事，公平、公开、公正地处理问题，少去想谁和老板有什么关系，公心放中间，一切为企业的发展，虽然仍会有人去老板那里打你的小报告，告你的状，但老板自会"心水清"，他的心底自会有一杆衡量是非的秤。

所以说，对事不对人是我在民营企业里面坚守的职业准则和制胜法宝。

做人靠"大道"，不搞"小山头"

很多经理人加盟民营企业后，最喜欢做的事情就是招揽旧部一起加入民营企业，以为只有自己带的人才好用，做事才有能力。再就是对企业里旧有的管理团队负责人进行调整，总以为他们已跟不上现代企业竞争的步伐，我个人认为这是非常不可取的。在加盟民营企业后，还没有融入其中，就造成文化的冲突，这会严重影响企业的秩序和竞争力，而且特别容易造成新的"小山头"文化的出现。

带来新的"小山头"现象的经理人是不被企业认可的。经理人带来加盟的旧部，在和旧有团队发生矛盾时，自然而然会有一种"我是××的人"的意识。就如同旧团队的人去找董事长打小报告一样，他们也会找经理人告状，造成新问题。另一方面，旧团队的人也会认为"你们是一伙的，是和我们站在对立面的"，那我们也要和你们进行斗争，所以这个时候旧团队各部门会空前地团结起来和新团队内耗，恰恰这是老板最讨厌看到的。旧团队的一批人去老板那里打你小报告的时候，那就是大问题了，这是不言而喻的。因为一旦到了这个时候，老板也会认为新的"小山头"已经给企业造成了新的危害。我不知道很多采用类似做法的经理人进入民营企业水土不服的时候，是否曾经想过这个问题。

其实在我看来，当一个民营企业发展到可以高薪聘请经理人的时候，都已经初具规模了，在行业内具有一定的影响力。经理人加盟后如果全面否定旧有团队人员的素质和能力，这是非常不可取的。这些所谓的"旧人"，他们和企业共同成长，经过多年的实践锻炼，在企业成长过程中，也都得到了自己的成长。也许他们可能在文化素质和管理理论方面有所欠缺，但只要用好他们的所长，团结好他们，形成新的向心力，那比起招聘新人组建新团队来，效果不见得差，只是这样做更考验经理人的能力。事实上，从包括我自己在内的一些经理人在对待旧团队的培养结果来看，他们更容易产生爆发力和创造更佳业绩。

经理人在用人上行"大道"，更容易被老板和老员工认可和接受，也会让经理人更好地融入这个企业，更能事半功倍地完成老板的目标和任务，给自己创造一个和谐的职业环境。

做人行"大道"，人要行得正

我相信经理人在任何一种性质的企业里，作为一个高阶的管理者，都会面临着各种各样物质和金钱的诱惑。在民营企业的经理人也不例外。身处这个充满诱惑的环境里，经理人该以一种什么样的心态面对呢？

接受物质和金钱的诱惑都是以牺牲企业的利益为代价。从这个层面上讲，维护企业利益是"大道"，私人获利是"小道"。很多经理人都幻想只有天知、地知、双方知，可他们就是忘了"若要人不知，除非己莫为"的道理。世上没有不透风的墙，每个行业其实都是非常窄的，几个知名的企业是同行业都在关注的，优秀的经理人同样也被人关注，常说"好事不出门，坏事传千里"，经理人切莫因"小道"而坏了在行业中的品牌美誉度，经理人要时刻给自己树个好名声。在我的职业生涯中，几次招聘副手的时候，就是听同行说起前来应聘者的"小道"行为而选择了弃用。

在民营企业的经理人，特别要注意"小道"的短视行为，存一己之私利，被员工发现会为人不齿，被同事发现会背上劣迹，被老板发现会失去机会，被行业传闻更会断送职业生涯。我也相信，"小道"得到的私利和走"大道"所获的年薪、福利相比，肯定是微不足道的，即使是大额的，也不是长久的。

经理人在民营企业一定要"行得正站得直"，说话和做事才能掷地有声、言而有信，别人才能尊重你。

作为中国庞大经理人群体的一分子，愿所有经理人在加盟民营企业后能大展拳脚，在新的职业生涯里书写闪亮的新篇章。

小企业热衷学习"管理"之我见

最近因为公司业务扩展，需要进行招聘，面试时碰到原来也在同一行业企业干过、过往业绩也还不错的小伙子，我就问其为何跳槽，答曰：老板忙着攻读工商管理硕士，公司人心涣散，工作失去了方向，所以出来另谋发展。这也许只是个别事例，但却令我联想起身边一些企业界朋友对于学"管理"搞绩效考核之类的事情过于热衷，却往往忽略了眼前要务的有趣现象。

不知道大家是否和我有一样的感觉：现在社会上充斥着各式各样的企业管理培训课程，各种知名不知名的咨询管理公司也越来越多，所谓专业提供绩效考核管理的咨询公司和相关软件也数不胜数，教你学管理的书籍更是泛滥成灾。

不可否认，对于许多已经具备一定规模的大公司大企业来说，进行规范化、精细化的管理是必要的，其中也包括实行各种行之有效的绩效考核制度等，我对此并不反对。但众多的中小企业尤其是规模不大的许多私营小企业主（此处的"小企业"特指营业规模在千万量级、年利润数百万左右的企业），如果也太过热衷地孜孜以求于此，我认为就完全是缘木求鱼、舍本逐末之举。

我认为，就像每个人的成长都会分童年、青年、中老年阶段一样，企业的发展也是分阶段的，处在不同的阶段，就有不同的成长需求和关注重点。我认为，在中国的现实市场环境下，在相当长的一段时期内，为数众多的私营小企业要求生存、求发展，最重要的还是时时不要忘"本"——开拓市场、"拿单"能力什么时候都是最重要的。老板如果投入太多金钱和精力去学工商管理硕士，去学人家大企业大公司搞什么绩效管理、追求精细化管理目标，最后会发现——还不如把相应的金钱和精力投入开拓市场来得更实在。

但这么简单的道理似乎并不是很能够让人接受，在日常与一些私企小老板的接触中，我发现还是有不少人会陷入这种"看上去很美"的误区。所谓"朝闻道，夕死可也"，好学之心我无意贬低，但陷入了这种"学习"或者追赶潮流的误区却是我所强烈反对的。

为什么这样说呢？首先，从企业发展路径的角度来看，目前国内为数众多的私营中小企业，往往都是靠老板白手起家，胼手胝足做起来的，老板在创业打拼过程中积攒下来的关系、人脉，往往直接决定着这个企业的拿单能力、市场占有程度，尤其是对于做工程项目的公司更是如此，一般都是老板拿单回来，底下的人才有事可做，整个企业的核心竞争力就是老板本人。一旦老板分心别驾，整天忙着学习、培训，底下干活的人也就群龙无首，无所适从，找不到北了。

另外还要考虑文化差异问题。西方企业的绩效考核、精细化管理思想是有其文化基础的，因西方人本来就讲究个体独立，一是一、二是二，工作与生活可以截然分开，而且由于国际公司经过几十年或上百年的发展，已经形成了一个相对规范和完整的企业管理模式，进来的每一个人都是"填空"的，来一个人和走一个人在管理上都不会造成任何影响。而东方国度尤其像中国最重"和为贵"、"和气生财"，喜欢讲和谐，对于规模还小、仍处于拼杀阶段的中小企业来说，不管企业内外，人际关系和谐、企业工作氛围团结就更为重要，而且，这也是小企业能留住人才的一个优势。水往低处流，但人往高处走并非必然，我们往往会发现，小企业里一样也会有优秀员工，而这些员工本可以选择到大企业工作，但他们愿意留在小企业里其中一个原因往往就是：大企业规章制度把人限制得太死，小企业灵活发展空间大。所以说，僵硬的、太过细化的制度规定，有时对工作氛围的负面影响会超乎想象。在这方面，甚至连日本的大企业索尼公司都有类似经验总结。现在网上流传一篇署名为"天外伺朗"的索尼公司前常务董事所写的《绩效主义害了索尼》一文对类似问题多有剖析，可供参考。

还有最后也是最重要的一点就是机会成本问题。"机会成本"是经济学里的一个名词，如果我们只取其一个最简单化的理解，那就是企业在做每一项决策时，经济成本除了外在的货币支出之外，还包括那些由于将各种资源利用在其他方面而引致的机会成本。对于众多尚处于成长期的民营小企业来说，老板本人就是企业经营发展的核心，可谓"蛇无头而不行"，如果老板不把自己宝贵的时间、精力全心投入到瞬息万变的市场中，不能随时把握发展机遇，这中间又将丧失多少弥足珍贵的机会成本？中国正在成为"世界市场"，在这个千载难逢的机会里，我们不能把握却失去的何止是机会？

当然，就像"不想当将军的士兵不是一个好士兵"，不想把企业做大的老板也不是一个有追求的老板，企业总要发展，也确实需要学习管理知识，但关键还是看阶段。我认为，对于众多发展中的小企业来说，在进行市场开拓不断拿单、逐步壮大的过程中，公司管理水平也会相应得到升级和提高，这是水到渠成的事情。要知道，现在的环境并不是市场过剩，只要市场开拓得力，取得项目，组织人力完成项目并不是一件太难的事，而在不断地组织、吸引新的人才加入的同时，也会给企业带来新鲜血液，只要引导得力，自然也会促进相应的管理提升。所以小企业的争单能力在不同的阶段，会成为相应的企业目标。特别是在发展中的小企业，通过业务的发展扩张，也会成为一个筛子，将不适合企业的人自然淘汰掉。反之，由于持续不断的业务量，增加了现金流和维持相对利润率，会吸引更多的优秀人才加盟，增加企业的核心竞争力。

国际市场看中国，中国市场全球都来抢夺。面临只会越来越残酷的市场竞争环境，尚在求生存求发展阶段的众多私营中小企业，只有想方设法增强自己的"狼性"，以求新、求异、求变之精神抢到更多、更好的订单为第一要务，喂饱自己，壮大自己，然后才能言及其他，才有机会让你去从容讲管理，因为市场争夺的激烈就像毛主席讲的"一万年太久，只争朝夕"。

论中小企业的职业化

近年来，随着中国入世、欧美金融海啸等大事件的发生，全国中小企业面对的国际形势日渐严峻。如何实现中小企业的职业化转型已经成为一个迫在眉睫的问题，特别是管理人才的培养、储备已成为制约中小企业发展的最大障碍。

我相信，管理人员的职业化将成为中小企业前进的新动力；不能适应职业化的管理人员也将成为拖累团队的绊脚石，会离开团队。

对于中小企业的职业化，我有几点看法和中小企业的管理人员共勉。

学习的职业化

"领先别人的最好方法就是学习能力领先。"

曾经在书本上看到的这句话，让我印象深刻，铭记于心。

我在锐丰音响与这家企业共同成长、沟通交流的几年当中，让我最担心的事情就是：大部分人都在盲目地工作，而忽略了学习能力的培养，忘记了吸收各方面的知识来提升自己。尤其是作为一个管理者，我们更应该全面地领先于别人。因为决定一个人能否成为团队的领导者的判定标准之一，就是看他是否不断地学习，以提升自己。

学习能力不仅是一个人综合能力的体现，更是一个团队、一个公司，乃至整个行业发展的原动力。纵观全球各个大型企业，在企业发展、员工发展的同时，管理人员更是得到了长足的发展。

在学习能力职业化这个问题上，除了专业技术知识，还要学习很多方面的知识，学习管理，学习人力资源，学习如何让自己和整个团队综合能力更强。我们要认真学习并有所提高才能发展壮大。锐丰音响曾经也有几名业务能力不错的管理人员离开了，其最主要原因就是他们的学习能力不能满足企业飞速发展的需要。以前管理一个小区域的时候，单打独斗很优秀，但管理一个大的区域时却还在采用小区域的思维方式和旧的执行方法。

自律的职业化

我们可以为不自律找到很多借口：我很忙，我有很多应酬，我只要把业务做好就行了。

我一直强调团队里面的管理人员需要以身作则。举个例子，早上大家都按时上班，而管理人员迟到了，尽管作为领导有千千万万个迟到的理由，但是员工是看不见领导在上班时间之外的应酬和工作的，他们看见的只是领导上班迟到了。那员工是不是也可以松松散散偷个懒呢？老板可以不按时上班，可以不自律，因为他是老板。但作为一个管理人员，自律的职业化已经是最基本的要求，我们要用一个新的标准，用一个职业经理人的标准来要求自己，这是非常重要的。

现在许多中小企业才刚刚开始发展壮大，走向世界市场。我们都非常明白一个没有自律的管理人员是不可能成为一个优秀的管理者的。我们要在工作、生活、学习上用更高更新的要求约束自己，成为一个职业经理人，公司的自律职业化才能贯穿始终。我曾服务过的一家外资企业中有一个不成文的规定：管理人员的皮鞋要永远光亮。开始我很不理解，后来才明白穿着光亮的皮鞋说明了你对自己的要求。一个对自己都没有要求的人，怎么能去要求别人呢。

一个军队没有自律是不会有战斗力的，一个职业团队没有自律是不可能优秀的。

团队的职业化

什么是团队的职业化？我觉得管理者在更多的时候肩负着一种使命、一种责任。

管理人员对于公司分配的任务、提出的要求都会尽心尽力地完成，而且在失误的时候也会勇于承担责任。我相信这就是一个团队的职业化、一名管理人员的职业化、一位职业经理人的职业化的充分展现。

但是同时也有些管理人员一旦出现了问题，想的第一不是勇于承担问题、分析问题、解决问题，而是想着推诿逃避，这是相当错误的事情。作为管理者如果不能勇于承担责任，那团队又怎么会有凝聚力呢？那又怎么能够坚守阵地，带领企业成为一个国际品牌呢？

团队的职业化是让中小企业中每一分子的精神与目标都变得跟企业高度一致。如果不能让团队一起成长，建立一种凝聚力，那又如何能够让员工与企业"同呼吸，共命运"？

团队的职业化是可以通过培训等手段来实现的。就如同一个军队每年招收很多的新兵，3至6个月的新兵训练就能够把一个普通的老百姓变成职业的军人。

管理能力的职业化

我记得以前做职员的时候，领导常常因为各种原因把下属骂得一塌糊涂。在当时看来，斥责是因为他的权威，体现他的管理风范，十年前的管理文化便是如此。

社会进步了，环境进步了，我们的管理方式也要相应地提高。每个人都是有尊严的。这个时候大家都在探讨新的观点，那就是沟通。一个团队的管理者要学会怎么样从十年前的那种"谩骂、发官威、斥责"的粗暴而情绪化的管理方式，转变成现在这种"沟通、指导、共同发展"的人性化管理模式。管理人员如何提高管理能力，对于我们是一个新的要求。

"欣赏、尊重"应该成为每一个企业的企业文化之一，我们要把它融入到管理工作中去，这才能真正让我们每个人感受到企业文化，形成核心战斗力，帮助我们的每一分子共同成长。

职业化的使命

以前我们觉得成为一个国际品牌的路很遥远，特别是在我当时所服务的专业灯光音响领域中成为一个国际品牌更遥远。但是随着近年来众多中小企业国际化品牌营销事件的陆续开展，我觉得让一个中小企业成为一个国际品牌的梦想并非天方夜谭。通过差异化营销和创新技术的结合，我们更是找到了成功的方式，锐丰音响在国际化道路上的成功，就是一个很好的例子。怎么把自己的职业生涯和公司的目标结合在一起，让自己与企业一起飞速发展，和企业"同呼吸、共命运"，一起迎接辉煌的明天，如何营造员工对企业的归属感和成就感，是每一个管理人员都要去思考的问题。特别要明白的是，中小企业的成功，不是取决于规模的大小，而是取决于赢利的目标能否完成，核心价值和品牌的传播力是否让市场、顾客和管理者共赢。职业经理人的价值才能得以体现和放大。

优势也是劣势

我去英国伦敦参与 2012 年奥运会的商务谈判和技术交流时，英国人告诉我两个很深刻的看法：一是在中国举办的奥运会太伟大了，英国人是无法超越的；二是中国人很有钱，但不懂得规划。这也说明，中国的中小企业在很多方面都是非常优秀的，已经具备了问鼎世界的能力。但管理团队的中国化，职业素养的中国化，这些在中国市场最大的优势却成了中小企业进军国际的最大障碍。

我作为中国中小企业的一名管理者，以上观点和大家分享，请大家多指正。

一个职业经理人对民营企业老板的建议

因为职业和圈子的关系，这些年来，自己身边结交了许多的职业经理人朋友，也接触过许多的民营企业老板。随着越来越多的中国民营企业发展壮大，寻找合适的职业经理人协助自己管理和经营企业，也成了许多民营企业老板必做的功课，甚至在企业的某个发展阶段，几乎可以说是他们的燃眉之急。

这也是很自然的事情。民营企业很多都是家族企业，"打虎要靠亲兄弟"，在企业创业发展之初，以血缘关系为纽带的家族成员精诚合作，使企业得以生存和发展。但这类企业往往发展壮大到一定程度以后，经营、管理，甚至整个企业的形象，都有了要提升档次和层次的内在发展要求，这个时候，也就是许多民营企业老板需要寻找职业经理人的时候。

民营企业从外部聘请职业经理人，无非就是希望能够借助职业经理人的丰富管理经验，引入专业化管理人才，以便在重要的管理岗位上，逐渐摆脱原来家族式企业"任人唯亲"的现象，在内部管理上，慢慢从唯人变唯事、唯制，并在企业内部引入竞争的人才机制，促进整个企业的健康发展，建设现代管理型企业，使企业更上一个台阶，真正做大做强，适应更加激烈的外部竞争，开拓更加广阔的市场。

可以说，几乎所有的民营企业老板，在寻找职业经理人合作之初，应该说都是带着良好愿望的，但比较遗憾的是，并不是每位老板都能找到合适的职业经理人，也不是每位职业经理人都能碰到合适的老板。其实很多时候，我都能听到老板与职业经理人之间的是是非非，大家相互不理解、相互埋怨、相互吵闹，最后闹得不欢而散的都有。

正是平时看多了、听多了这类事情，兼之本人走上职业经理人道路也已经长达十年，接触到的各行各业的老板和职业经理人都很多，所以觉得有些话真是不吐不快。对于民营企业老板如何更好地寻找到合适的职业经理人、如何更好地相处合作，真正实现促进企业发展的良好愿望，我有些个人体会和建议。

首先，我觉得老板找职业经理人，就如同找对象，一定要慎重。不要慕虚名，不能一时头脑发热，决不能草率。我个人感觉，目前一些民营企业老板请人还是有些盲目，特别是一些平时接触职业经理人比较少的人，只要看到某些人头上有些光环，或者仅仅是在某500强企业任过管理职务，就动了心。把老板找职业经理人比喻成找对象，听上去似乎夸张了些。但对于一个现代企业来说，老板和职业经理人的存在及其相互合作，本来就是为了实现企业所有权与管理权分离，更好地实现公司的科学治理。这个问题其实反过来说就是，只有代表企业所有权的老板，和代表企业经营权的职业经理人两者分工合作到位，企业才能够成功运营，顺利发展。所以说，老板找职业经理人所需要慎重的程度及其重要性，确实不亚于找对象。当然，现代社会，结婚了还可以离婚，老板和职业经理人合不来了，一拍两散也很正常。只不过，就像结婚又离婚一样，始终对一个人的心理、家庭、社会生活会带来许多负面影响，需要一定的时间去消化。对于一个企业也是这样，老板和职业经理人之间的合作破裂，导致大家不欢而散的话，多少也会影响企业在一段时间里的稳定和发展，同样需要或长或短的时间去消除其负面影响。我认为，民营企业老板在寻找职业经理人之初，就一定要慎之又慎，千万不能因为企业发展需要的迫切，就病急乱投医，也不能认为白猫黑猫，抓到老鼠的就是好猫。我个人觉得，衡量一个职业经理人好坏、优秀与否、对于一个企业合适与否，其标准的多样性和复杂化，这本身就是十分考验人的。所以，对于意向中的人选，一定要从品行、能力、业绩等各方面进行全面考察，多方衡量，慎重决策，圈定人选。所谓一个好的开始决定了成功的一半，选人用人，更是如此。

其次就是那句老话：疑人不用，用人不疑。作为民营企业老板，找定了人，就要放心、放手、放权，真正给对方提供一个做事的平台。所谓疑人不用，用人不疑，其实质也就是"信任"二字。古往今来，这句话都是知易行难。尤其是对于许多白手起家的民营企业老板来说，企业就像是自己的孩子，是自己亲力亲为，亲手一点一点带大做起来的。实行所有权和经营权分离，这样的说法本身就已经足以令一些老板感到深深的失落和害怕。当然，实际上，只要是非上市公司，所有权与经营权也不一定非要分离才能证明管理之先进。所以，目前国内即使是引进了职业经理人的众多民营企业，它们的管理现状也正体现了这一特点：虽然职业经理人被推至企业管理和市场竞争的幕前，但更多的仍是老板在把握着管理的实权。所谓存在即合理，客观地说，这种模式有其历史阶段的必然性，作为中国现阶段的职业经理人群体，倒也不必强求或寄希望于短时间内对于此种模式的全然改变或颠覆，但是，在这种模式下的老板和职业经理人之间的合作，更加需要强调"信任"二字，尤其是对于老板一方，更是怎么强调都不为过。信任是双方合作的基础，也是外聘而来的职业经理人在原有企业推行和施展其所带来的新的管理方式、方法的最基本的条件。由于实权始终是把控在老板手里，如果老板不放心、不放手、不放权，请来的职业经理人纵有天大的本事，也是白搭。这个道理，明明很简单，但偏偏却是缠绕许多民营企业老板的顽固"心魔"。其实，倘若老板狭隘的"心魔"不除，最好就不要误人误己，延聘职业经理人，免得到头来浪费时间，各自失望。

在前面的关系都处理好的基础上，职业经理人到位之后，由于原企业内部关系错综复杂，老板有责任、有义务、有必要配合新加盟的职业经理人一起，扫清障碍，重建规矩和秩序。相当多的民营企业都是家族企业，创业之初靠兄弟姐妹、七姑八姨胼手胝足打拼，企业做大发展起来了，老板亲戚、企业元老很容易居功自傲，自视甚高，有些甚至连老板自己都要让着三分。而且，家族企业内部，也往往容易形成这几个亲戚抱团成一派，那几个亲戚联合成一派，无亲无故靠自己做事的人或也自成一派，总之，民营企业本身内部盘根错节，显性或隐性派系林立。然而，不管原来企业派系情况如何，一般只要老板从外面请来职业经理人，委以重任，授予重权，要对企业经营、管理采取更加规范化的管理以后，原来各派系都会空前团结起来，枪口一致对外，抵御"外人"。原因很简单：只要有改革，必然有破坏；建立新秩序，难免就会破坏旧秩序。于是，今天是小姨子找老板告状：你请来这个总经理怎么每天都那么晚来上班；明天是亲弟弟来诉苦：你请的这人怎么回事，连你的话都听不进去，财务让他盖个章都拖三阻四；后天甚至连老婆都来吹枕边风了：你请的这个人不行，没啥真本事，拈轻怕重，跟大家团结不到一起。大家可以想象一下，有多少老板能够禁得住这样的一再"轰炸"？这个时候，作为外来者的职业经理人，最需要的，就是得到老板明辨是非、明察秋毫的坚定支持，唯有如此，企业规范化管理才能顺利推进，引进职业经理人的成效才能彰显，双方的合作也才能够持续。

最后一点，就是老板要给职业经理人时间，要有点儿耐心，短期业绩好固然可喜，中长期业绩更要重视。请来的和尚要念经，买来的母鸡要下蛋，这种契约、买卖关系自然是存在的，老板付出了，要求得到回报这也天经地义，但关键是，要给予必要的时间，要有耐心等待成果。老板要明白，企业发展到一定规模以后，要再上一个档次和层级往往不是单单请来一个优秀的职业经理人就能解决所有问题的，还需要整个团队的配合，需要足够的时间去践行。但目前一个令人遗憾的现象是，职业经理人到民营企业，前三个月和老板是蜜月期，中间三个月是期待期，后三个月没有业绩就是厌烦期。所以很多职业经理人到一个民营企业，往往都待不到一年，对于合作双方，都不会是一个愉快的经历。这当中，我们不排除因为职业经理人自身失职或失德而造成双方确实无法合作下去的情况，但很多时候，也会因为老板太过急于求成，动辄求全责备，误解加深，双方遂成"怨偶"分道扬镳。其实，老板对于经过深思熟虑请来的职业经理人还是应该有一个比较合理的时间规划。我认为在一个企业干 3~5 年是职业经理人最能发挥作用的一个时间周期，同样也是民营企业老板和职业经理人一个比较合适的合作周期。

民营企业寻求科技升级的捷径

现在很多的民营企业都喜欢提技术创新、产业升级，大家进行技术储备的热情也很足。这是很自然的。改革开放这么多年来，大家渐渐地也都认识到了传统制造加工企业的不足——没有掌握核心技术的话，永远都是帮别人打工。特别是已经有一定实力的民营企业，这种心情更是急迫。就像浙江吉利控股集团（以下简称"吉利"）收购了沃尔沃集团（以下简称"沃尔沃"），除沃尔沃的品牌之外，李书福看中的，也是包括在收购内容之中的相关核心技术和专利。

有实力进行收购无疑是一个好办法。但是，并不是所有的民营企业都有吉利这种"蛇吞象"的实力，要知道，吉利可是花了大约 18 亿美元。实际上，目前更常见的是，许多中小民营企业为了提高自己的技术实力，往往都热衷于走一条和国内高校合作的路，以为傍上一家名校，技术就有了保证，但现实却是合作多，成功少。

除却其他合作目的不说，如果单单就技术合作而言，高校的体制决定了其研究方向与民营企业所需的技术实际是严重脱节的。国内高校教授的任务，更多的是发表多少论文，带多少研究生，争取多少国家基金，其长期从事的是理论工作，没有多少研发的经验。很多研究结果都是实验室的东西，很少真正可以商用，有些技术甚至根本就没商用价值。

我个人认为，民营企业要求技术升级、创新发展，不用老盯着高校，其实还有其他捷径可走。

我有一个朋友，做数字功放产品，当初跟国内一知名高校合作了三年。该高校派出两个正教授，其中一个还是博士生导师，带着五六个硕士生，两三个博士生，前前后后花了企业两百多万，捣鼓了两年多，做出来的一些东西始终停留在理论水平上，因为他们没有应用的经验，出来的东西还要放在企业里不断求证应用，两三年时间都基本没搞出个结果来。最后终于研发出来的，也是一台小毛病不断、产品质量不稳定、不能大规模生产的实验产品。

后来，这个朋友着急了，刚好在一次德国的法兰克福国际展览会上，碰到一位从美国的一家世界500强企业里出来，刚刚开始自己创业的老板（其公司当时成立才3个月）。这个老外在那家世界500强的那家企业的研发部门工作了20年，是一个具有很深专业背景的人。他出来时还从公司里带出来了三四个技术骨干，然后成立了这家技术创业公司。其公司业务就是专门做技术研发，为有需要的公司客户提供专门的技术解决方案。这些人不仅有在大公司工作的经验，掌握了世界最领先的技术，而且更强的是，他们甚至还知道在新产品的技术方案里，如何避开技术专利的壁垒，可以说具有相当丰富的理论与实践经验。当时双方一拍即合，他们与我这位朋友签订了一个合约，详细约定了双方的权利和义务，包括研发资金的分期付款金额及方式，对方在多长时间内必须研发完成一个成熟的数字功放产品，产品的技术专利还要归中方公司所有，对方同时还要协助在中国申请该产品的技术专利。

短短 5 个月时间之后，这家外国公司就完成了约定任务。该产品一经推出市场，由于性能稳定、技术领先，很快就获得了市场的认可。而且，由于该产品在国内没有同类竞争对手，其利润也相当可观。而这一产品的研发，只花了我那位朋友与高校合作的资金投入的一半。

也许我知道的是个例，但放眼世界，因为金融风暴的冲击及其他各种原因，许多全球性大公司也都说倒就倒，令欧美创业潮一波接一波，出现了一大批的技术创业公司。就我所接触到的这类公司，大的二三十人，小的甚至才两三个人。别看公司小，但就像前面所说的，由于创业者都是技术骨干人员，所以极具技术实力和潜力。

不过，和这些技术公司合作，也要注意一个问题。就像在中国手机行业发展的兴盛期也曾经冒出许多手机技术公司，当时来卖技术的基本都是日本、韩国和中国台湾的公司。但当时很多国内企业都只顾着买人家的技术，没有好好地去消化，造成今天国产手机企业，没有一家掌握真正意义上的核心技术。而上面所说的我这位朋友，在与外方合作之初，就选拔了三名懂英文的技术骨干，跟着外方一起做，并在合同中明确规定，研发结束时，要保证这三个技术骨干懂得整个产品的全程研发技术，完成"技术交底"。所以说，跟老外合作，这个合同怎么签也是非常重要的。

当然，除了这种合作方式之外，直接吸纳人才在目前来说也是可能的。美国《国际先驱论坛报》就有报道称，虽然美国在过去的几年里，引进了大批中国精英人才，但最近，美国的顶尖人才却纷纷奔向中国，而且这些人才并非仅仅是移民至美国的华人高级人才重新回国，也有土生土长的美国人才也正流向中国。该报还列举了一位美国硅谷太阳能电池面板行业巨头美国应用材料公司研究员的例子，称其来到中国，担任了应用材料公司西安太阳能技术研发中心的执行副总裁。他在接受采访时并不讳言，目前中国需要大量人才且待遇也很丰厚，吸引着他前来中国。

其实，西方媒体留意到的这个现象，也正从另一面印证了我的上述观点。而广东富华重工制造有限公司（以下简称"富华重工"）董事长吴志强在迎接时任广东省省委书记汪洋考察时也感慨："要感谢国际金融危机，欧美一些企业倒闭了，却给我'送'来了20多名顶尖专家！"该公司目前建设了1.5万平方米的研发实验中心，运用全球化的企业管理经验，并与美国MI公司克拉克测试中心合作，向制造世界顶级高新产品的目标迈进。连汪洋也认为，只要民营企业都能像富华重工一样，抓住这种机遇，民营企业完全能够从发展传统产业转向发展高新技术产业。

中国正在崛起，中国已经成为世界性的创业热土，不仅吸引着热钱流入，同样也吸引着欧美的高科技人才涌入。留心抓住机会，有实力者如吉利，直接通过收购让自己升级；实力稍欠者，不管是与外方的技术创业公司合作，还是直接吸纳人才加盟，都将可能是民营企业技术升级创新的好机会。

外向型中小企业要学会夹缝求生

2012 年曾被疯传为"世界末日",虽然谣言既除,但那一年,但对于国内许多中小企业的生存和发展,却是年关难过,很多经营者都在迷茫路在何方。

可能最近因为比较多地给各行业中小企业做培训,加上我的朋友很多,不少企业经营者遇到困难,都喜欢找我聊天,希望能够一起探讨,寻求解决方案。前几天出差回来,刚下飞机就被一位做专业舞台灯光的老板盛情硬拉去吃饭,听他大倒苦水。

他说,自己从小企业做起,原来都做外单,金融危机后的那几年,大致 70% 做外单,30% 做内单。按惯例,本来每年 9 月份基本就能确定下一年的外单,但从 2012 年下半年开始,外单是不断下滑,2013 以来海外的客人都不来了,其中包括已经合作了很多年的客户都消失了。他说 2008 年虽然也很困难,订单量也在减少,但起码海外客人还在来,订单也还在下,尚未惨淡如斯。与外单相比,这几年国内的市场,虽然也很艰难,但每年和往年同期比,还会有 20% 甚至 30% 的增长。他觉得这是个趋势,越往以后去，国内这个市场会越来越大，企业必须转向。同时，他也想从专业转为民用，拓宽产品的市场，但怎么转，又很茫然。

　　这位朋友遇到的情况，我想具有一定普遍性。我看到《南方都市报》有报道，称对东莞电子、鞋类、制衣、家具等中小企业进行的行业调查结果显示，六成企业 2012 年订单量下降超过 50%，认为近期经济形势比 2008 年更为严峻；近六成企业订单利润率与前一年相比下降，亏损的企业占比超过 3 成。对于下一年的情况，虽然不少企业认为订单会更乐观，但有八成的企业认为危机还要持续 1 年。调查还指出，东莞的企业一直都是以出口为主，2008 年金融危机后，出口受挫，很多企业意识到内销的重要性。受访企业中，近九成企业都已经涉足内销市场。产品全部外销的企业只有 11.6%。

　　这个调查结果，与我个人接触了解到的情况比较一致。在全球经济疲软的背景下，外向型企业大量杀回，中国内销市场的竞争空前激烈。2012 年民营企业的整体业绩都不理想，特别是很多中小企业的业绩出现大幅度下滑，之后的形势更严峻。

　　如何应对企业面临的严峻态势，我给以上的朋友提了些建议。

　　我告诉他，LED 照明产品目前正在发生变革，这个市场还没有出现真正有优势的一线品牌，目前还很乱，乱就有机会。你的产品做得非常好，有成本优势，给国外做贴牌在某种意义上也是一种品牌。要寻找突破口，关键是不能走传统的营销模式，不能让传统的成功经验成为创新发展的障碍。中小企业决不能看着那些成功大企业的经验去复制，跟着走往往死路一条。一定要在混战中找一条缝，找准、找对自己的空间，快速、集中去切入，才能迅速抢占市场资源。

传统照明企业占领市场，其成功主要靠大规模的制造，降低成本，全国性铺渠道，打品牌，产品快进快出，由于这个市场足够大，能大规模营利，把很多小厂都打掉了。但如果现在还来走这条路，你要大量招业务员，招来了还要培训一段时间，制定配套营销政策……单就在全国建一个全国性营销渠道而言，以我的了解，没有三五年建不起来。所以必须要避开走这条传统的路。

　　不走传统之路，走电子商务平台也是条路。随着电子商务平台的快速发展，其实借力电子商务，已经是很多企业正在实践中的新路，成功案例也不少。对这方面，其实我是个门外汉，只不过因为个人兴趣，我四处"取经"学习，咀嚼总结，虽暂时未能给这位朋友提出很具体的意见和建议，但根据他的实际情况，结合我的实践经验，给他提了以下几条。

　　第一，我留意到，以前照明企业都是给房地产公司提供大量传统的灯具，现在房地产发展出现新变化，许多房地产配套设计开始以 LED 产品为主，他们需要很多户外的、更多更个性化的、设计概念更强的产品，而每个楼盘里面用量又不是很大。大型传统照明企业受限于人员、管理成本高等制约，做这种总量不大却又个性化的产品的成本非常高，划不来，对他们的吸引力也不大。这就给小企业提供了一个机会，小企业做这些就很合适，半机器半手工，提供快速小批量的定制服务，这本来就是小企业的灵活优势。特别是，趁着目前 LED 强势品牌还未形成的大好良机，企业要主动积极地去找房地产公司谈，争取作为其产品的战略采购合作伙伴。虽然房地产企业对材料供应商的压榨很大，但无论怎样，利润空间还是有的，少赚一点，就当打品牌。只要把工人养活了，把市场份额占了，慢慢自然能够做大。

　　第二，廉租房、安居房等保障性住房是未来发展的一个趋势，这个市场一定要抢先争取。全国会有数百万套推出，这些房子基本上是带装修的，别因"廉租"二字看低这些工程，大批量做起来，怎么样都比给海外代工的微薄利润要高。

第三，目前广东的 LED 工厂成本太高了，都在往内陆省分转。其实，据我了解，很多地方政府都有自己的土政策，企业到当地投资，就匹配同等的资源给你，支持企业发展。比如河南地方政府在招富士康科技集团（以下简称"富士康"）建工厂时，富士康就提出了当地的 LED 照明工程必须作为招商引资的条件之一配套给它。中小企业不要小瞧了自己，只要规模上两三亿的，都可以为自己争取类似扶持。比如说，我在你这里办一个 LED 的工厂，五年之内，市政道路建设时更换的路灯能不能都交给我做？要争取这样的博弈。如果谈成了的话，那你就找到了一批 LED 样板工程，渠道不也就打开了吗？

所以说，不需要大量建渠道，不需要大量的广告费用，我相信中小企业一样能在夹缝里找到生存空间。虽然这条缝很小，但好处就在于如果你把资源集中投入进去的话，就能迅速抢到。突破的关键就在于你一定要在某个领域找到一些别人关注得比较少的缝隙，在那条缝里别人都不太愿意去做，尽快杀进去，市场就是你的。

就像医生不能包治百病，灵丹妙药在这个世界上并不存在，以上建议未必就立竿见影，但起码我的建议让这位朋友觉得很受启发并立马准备行动起来。

其实，和这位朋友的情况类似，据我了解，珠三角地区许多外贸原单企业，都已具备一定的技术实力和设计能力，长期给日本、美国做贴牌，产品品质都很不错。不管是要杀回国内市场，还是着眼未来全球市场，在营销实践上不能再重复原来成功企业的路，必须要出新招。

比如以前为了产品能卖到高价，专门贴个洋品牌，出口转内销。现在，我们能不能把真正的洋品牌、好品牌收入囊中，反过来让海外为自己贴牌生产呢？就像娃哈哈集团有限公司的宗庆后，他做奶粉的思路就是不在国内制造，而是在新西兰生产，原装进口。听说目前他的奶粉卖得不错。俗话说"蛇有蛇路，虎有虎步"，其实大有大的搞法，小也有小的搞法，收购海外品牌并不是只有大企业才玩得起。

实际上，在金融危机冲击之下，这几年，欧美国家也一样有许多二三线品牌撑不下去，我们的二三线品牌的、具备两三个亿规模的中小企业，一样具备到海外收购的能力，这些企业目前面临的就是一个产品爬坡、提高产品竞争力的问题。

在国外收购一个品牌并不一定要花很多钱。2008 年金融风暴以后，给中国企业提供了一个海外收购的大好机会。浙江某家专业灯光音响制造企业，2009 年收购了英国 20 世纪四五十年代发展起来的两个国际品牌，不过才花了三五十万英镑。而这些品牌真正地在英国已经发展了几十年，都是拥有自己拥趸的国际品牌，所以在国际上销售没有任何障碍。这个收购价钱，相信很多企业其实都出得起。像我提到的这个企业，这几年其手里收购的英国、德国、法国的品牌，加起来已经十几个，涵盖了调音台、数字功放、音箱等产品，总共也不过花了不到 1000 万人民币。当然，都不是顶尖的一线品牌，都是一些二线的品牌，但却都有着几十年甚至上百年发展历史。这些公司虽然经营不下去，但他们的产品在全世界都有一批自己的代理商，也有自己的忠实用户，只要控制好成本，整合得当，国际市场就能盘活起来。

当然，收购海外品牌的主要用处还不在于此。很多企业在国外贴牌，生产的量不大，但这是一个很好的广告：企业有真正"美国制造""欧洲制造"的这种能力，能够大大提升品牌价值，提高在消费者心中的美誉度，这和假洋鬼子不一样。要知道，国内很多工程采购领域的崇洋媚外思想至少到目前为止始终很难改变，很多东西都要求用进口的。像中国五星级酒店，原来国家旅游局就有过规定，评星级的时候，会看你的洁具装修配套之类的，是不是使用了哪些知名国外品牌产品之类。现在国家旅游局的这个规定没有了，不再把它作为评级的硬标准，但很多国际酒店管理集团仍要求自己旗下的酒店一定要具备如何如何的装修标准，这是明着歧视中国制造的质量不行，要求购买进口产品。要抢市场就没道理可讲，这个时候你有了自己的进口产品，就可以去争抢这些高端市场，提升自己的品牌影响力。

　　其实，个性化、小批量、高端定制，也是未来中小企业成功的发展趋势。最近看到网上有个报道，虽然"中国制造"（现在正在演变成更物美价廉的"东南亚制造"）把欧美的工厂搞得倒闭连连，但纽约一家生产水暖配件的公司，却偏偏反其道而行之，他们就是搞"美国制造"，并把产品销到中国。其成功经验就是，他们并不致力于降低产品的价格，而是先通过给每栋建筑提供独一无二的定制管件，让产品价格变得更昂贵，然后再研究如何以更低的成本生产这类产品，从而使自己的生意兴旺发达。该公司已经给上海、澳门和香港的六家在建高档酒店和公寓提供了数千件定制管件。靠着这个，该公司不仅顺利度过 2008 年的金融危机，到目前生意还十分红火。据说，这样的情况在美国许多地区正趋于普遍。这个案例，应该能给我们许多中小企业带来有益的启发和思考。

中国家电呼唤高端品质产品

　　我做家电行业出身，这些年来，身边仍有许多做家电的朋友。最近碰到一件生活小事，和大家聊起来觉得很有感慨：我离开家电行业已经十几年了，为什么中国的家电产品还在低端徘徊？

　　话说我家买了一个行业排名前三的知名品牌热水器，用了 3 年多就罢工不断，特别是最近几个月的维修经历说起来就让人恼火。第一次修花了 100 元，尚属正常。用了半个月又坏了，打电话向厂家投诉，厂家派人来修，修一下要收 200 元，修完了还主动告诉我：你热水器这个零配件可能要换一下。我问究竟能不能用？他说能用，但是再用一两个月就会坏了，建议你还是把它换了。我心想，人都来了，一两个月后就会坏，那还不赶紧让他换了算了？但是，换了这个零配件，费用单一开，670 元，而三四年前买这台热水器，也才 1500 块钱。不料想过了一阵又坏了，我实在忍无可忍，想把这个热水器彻底给换了，可是几天没用，再用时它又好了。总之时好时坏，有时候洗澡洗着洗着它就不工作了，最后只能整个儿换掉。还有家里的洗衣机，用了 4 年，坏了 5 次。每次找厂家投诉，都是一些小配件的问题，每次换个配件一两百。有一次又坏了，有个装修工朋友说他自己就会修，修完他说只要 20 元钱。我说怎么这么便宜，以前每次都要一两百。他说我也可以跟你要一两百元钱啊，但其实很多零配件成本也就二十元左右，你不懂嘛。想想也正常，我做过家电，他一讲我就明白了。

为了降低成本，提高竞争力，很多家电企业盲目学习西方的管理模式，把售后服务外包，而承接外包的，基本都是小个体户。厂家给的服务费按件计，价格也不可能高，对于这些维修服务承包者来说，也有点鸡肋，不做可惜，做又没有太大利润。所以也就很自然地在消费者身上想办法。在消费者身上怎么榨出油呢？厂家的固定收费比如上门一次 30 元、50 元之类都定死了，唯有零配件价格成了可供挖掘的利润空间。于是，把小配件说成大配件，把便宜的说成贵的，把产品问题扩大化，自然成了惯用伎俩。这样一来，实际上消费者和厂商都成了受害者。家电企业把售后服务外包，是个可怕的行为，虽然外包节省了钱，但它对品牌的损害却是花更多的钱也挽回不了的。其实，没有产品质量问题，就是最好的售后服务。而我们恰好相反，甚至很多低端产品就靠售后服务来弥补不足，这就是更严重的问题了。

这些年来，家电企业一味地为了追求规模化，追求什么行业第一，全球第几，争取市场占有率，打价格战，一打价格战就难免牺牲品质，最好的材料肯定不敢用，怎么节省成本就怎么来，这样一来，产品的耐用性肯定下降，导致质量低下。

目前充斥国内市场的国产家电，基本都是价格低廉的大众化产品。中国的消费者，买一个家电产品从价格上来讲，确实很便宜，但用个三五年，经常就开始坏。以前大家还会有意见，现在大家都似乎习以为常，甚至将其视为"正常"。这种消费心理，对中国家电企业来说，其实是个可怕的信号，因为这等于消费者已经认定：国产＝质量低下。没有高期望，自然没有失望。有个讲汽车的段子，说德国人"笨死"，但在德国人家里，一样家电用个一二十年都很正常。记得他们有个热水器品牌，打的广告就是，这个热水器，爷爷用过，儿子也用，现在孙子还在用。这种"笨死"而耐用的产品在中国基本是空白。

中国家电企业这些年的价格战，驱使企业一味朝着向规模要利润的路子上走，无暇也无力去做高端产品，直到今天。我们现在一些百亿规模的大企业，一年也才挣几个亿的利润。家电企业的纯利润四五个点，已经成为一种常态，而且这种利润，仍必须靠规模来获得。

现在，虽然国产品牌的大佬们一再宣称自己的产品具备国际一流品质，但中国消费者一说要买高质量的家电，首先想到的还是进口产品。不能仅仅用崇洋媚外或者消费者偏见来解释这个现象。事实上，改革开放几十年来，大家都在使用各类家电，高端的、低端的，大家都在用，不要忘了现在那些用高端产品的很多也是从用低端产品开始的。许多国产家电三五年就坏，用了十几年的进口品牌没有坏，这些使用经验大家都看在眼里，记在心里。中国现在已经出现了一大批的高端消费群体，希望能够使用更高品质的产品，他们也愿意为此付出更高价格，但国产家电目前满足不了这种需求。就像我自己，早十几年就想要买价廉物美的商品，既便宜又有个品牌的产品就能满足我，但现在要求已经不同，对价钱不敏感，关键看品质，高品质才让人用着省心。

被拖入价格战深坑的中国家电企业，如果到现在还不争取尽快爬起来，中国消费者对国产品牌的高端产品也终将失去信心。国产家电呼唤高端品质产品，但大家想去商场买个国产高端品质的产品，买不到。我看到的仍然都是西门子等国际品牌，虽然他们的产品也很多是"中国制造"的了，但有些高端产品，不管是出于市场策略，还是出于品质控制的因素，也仍喜欢原装进口。

我最近去买洗碗机，到苏宁和国美一看，国产的也有，还不少，两三千一个，进口的八九千或上万，比国产品牌贵了两三倍。但我毫不犹豫地买了进口品牌。为什么呢？要说中国制造也全球风行了，中国也做洗碗机，做的很多也卖到全世界，甚至卖到欧洲，但做的都是哪类的呢，都是便宜货。现在欧洲的整个低端的洗碗机市场，都是"中国制造"。可是全世界的高端消费群体，一用到高端品质的洗碗机，就挑一些国际大品牌的。

中国家电企业的利润薄，是因为一开始就踏上了不归路。十几年前到现在，如果不打价格战就会死掉，可现在活下来的家电企业要想继续活，活得好，迫切面临着一个品牌爬坡、重铸品质的过程。现在国人不认国产家电品牌的高端产品，当然不是因为定价高，关键是同价也不同质，这才要命。这种品质问题并不完全出在技术上，事实上，"中国制造"跟全世界技术最同步的，可能就数中国的家电行业了。中国的家电企业表面上也热衷于推新品，炒作高端，但这种"新品"无非就是刚开始出来打个概念，炒作一下，但产品的品质，并没有真正的提升，是伪高端。新品往往卖一段时间再降价，价钱越来越低，利润越来越低。一年推再多新品出来，也是换汤不换药。人家国际品牌，一年就推几个新品，专注把品质做好。国际高端产品里面有发明专利，国产高端品牌里面却是应用专利。

中国的企业，太热衷于降低成本，浙江一家企业，厂区里堂而皇之挂着横幅：所有产品发明一个通用件（比如说高中低档几款空调里，都可以通用的某个零配件），奖 10 万；原材料成本下降 10%，奖 10 万。大家都拼命去减成本。但在我看来，像奔驰 100 万的车，与它 50 万、20 万的不同产品能过多地去强调共用一样的零配件吗？这品质能一样吗？

品质重铸，是个痛苦和必需的过程。我看到，目前其实也有家电企业在做，像宁波方太厨具有限公司（以下简称"方太"）。它的日子过得很好，其利润空间在家电企业里几乎是最好的，已经成了中国高端厨房电器的代表，其价格比国内同类产品贵 30%~40%，但一样卖得很好，它卖得好的秘诀就在于品质。像抽油烟机，很多抽油烟机你按一下外壳会发现有点软，而它家的产品一摁下去是硬的，其实就是使用的板材厚薄程度的区别。它不追求规模，但追求利润，致力于满足高端消费者的需求。很多企业看到方太的成功，也想学，也推高端品牌，但学不能光学个外表，如果不在用料等质量方面用心，久而久之，更加容易把国产品牌做烂。重铸品质不能靠口号，要靠实际，比如原来用的是 2 毫米厚的板材，改成用 5 毫米厚的，原来用的是普通螺丝，改成用不锈钢螺丝。虽然这样一来成本增加了，但品质提高了，售价也可以提高。要慢慢建立起中国消费者对国产高端品牌的信心。

中国的市场也是国际的市场，中国消费者心理也是全球消费者心理，中国的家电企业要多去研究怎么抓住高端消费人群，不能低头赶工一味做低端产品，陷入万劫不复之地。

经理人的"诸侯"思想

我有一位以前的同事目前在一家年销售额 2.3 亿的民营企业做营销总监。7 年来,他从业务部主管做到营销总监,年薪也从 5 万增长到 50 万。同时,企业年销售额从 4 千万增长到 2.3 亿。但是,他觉得自己 50 万的年薪与企业 2.3 亿的年销售额不相称,觉得自己为企业所作的贡献没有等值的体现。他希望能得到 80 万年薪,但是老板没有答应。现在,他想带着销售骨干跳到另外一家竞争对手那里去。

前不久他来找我聊天,我们围绕上述话题聊了 4 个多小时,言谈间我发现他的言语充满了对老板的抱怨和不满。这让同样作为一名职业经理人的我陷入了深深的思考:在今天的中国职场上,有大量为民营企业服务的经理人,我们该秉持一种什么样的心态和职业道德来做人做事?他的言行也让我反思,检视自身不足之余也让我也有了更多清醒的认识。我把对这件事的思考和意见和他进行了交流和分享。

我认为,首先,在企业中考核做营销的经理人的主要标准就是销售业绩,所以民营企业老板看待经理人的能力也是从业绩来衡量。而且由于民营企业的生存环境和资金压力等问题，销售回款成为民营企业老板最关心的问题。为了要业绩和回款，民营企业中所有的资源都倒流向了销售，在一切为了销售的主导思想下，管理、人力资源、研发、生产制造都成了销售部门的配套部门。而当所有部门在为销售部门配合的同时，销售部门在承担巨大的销售压力下，也自然而然地滋生出一种"我是老大"的言行举止。

　　具体的表现就是，销售部门开始变得斤斤计较——觉得销售部门养活了老板，养活了公司的其他部门。有的营销部门经理人在了解了制造成本后，开始计算公司的赢利，越发变得心里不平衡了，总觉得自己的付出得不到足够的回报，想法也变得多起来，"我是老大"的"诸侯心态"也因此萌生。一旦"诸侯心态"萌生，经理人也很容易变得独断专行，对于自己分管的部门或人员拉帮结派，把持企业重要事务或重要信息的流通管理，容不得别人甚至老板的过问或插手。

　　就我的观察，这种现象在民营企业经理人中非常普遍，这种非常不职业的言行让经理人在业绩面前变得迷失方向，容易忽视别人的价值。事实上，大家都知道，一个企业不是只有销售部门就可以的：研发部门研发产品，给销售部门提供了作战的核心竞争力；生产制造部门按时按质提供产品，为销售部门及时提供"枪支弹药"；市场推广部门树立品牌，为销售部提供了销售的推广支持；人力资源部门的招聘和培训，源源不断地为销售部门提供了具有职业素养的"战士"；财务部为销售部制订了卖价指导等财务配套服务等。正是因为整个企业各个不同部门的配合，才会有销售业绩的屡创新高，但狭隘的经理人却看不到这一点。

　　其次，就是民营企业给营销经理人提供了一个发挥才能和展示能力的舞台。个人认为，中国民营企业家给经理人提供的平台是最公平的——它既没有国有企业论资排辈和"站队"的问题，也没有外资企业那么多条条框框的规矩。在民营企业里，只要有能力，你就可以尽情地发挥，你的个人上升空间几乎完全由你自己的个人综合素质和能力所决定。正像一句俗话说的：种好还要地肥。即便你是良种优才，如果没有一个好的平台，任你有再大的能耐也发挥不出来。

但是，很多成功的民营企业经理人却常常开始有意无意地忽视这个因素：民营企业家给你提供的这个平台才是你成功的基石。有些经理人常摆在嘴边的一句话：我不干了，再找个企业，我一样可以再做到今天这样的业绩。这个我也不轻易否定，但也许可以，也许不可以。很多时候，成功的经验只可以借鉴，营销的成功往往不可能原样复制。当年创维集团（以下简称"创维"）的营销总经理陆强华带着100多名营销骨干集体出走，加盟另外一家彩电企业，创维是不是就此倒闭了？大家都看到了，创维管财务出身的张学兵和杨东文临危受命，经过七八年的发展，创维进入中国彩电行业前3名。反观自立山头的陆强华，一年多后，加盟失败，再次离开，今天的中国彩电行业再也听不到陆强华的名字。

实际上，从创维和陆强华的故事中，我们可以看到两点。

首先，企业发展到一定的规模，所有的客户看到和感受到的已经是这个企业的整体，以及企业老板的经营理念和思想，经理人不过是一个在"舞台"上表演的演员，充其量最多也就算个"主角"。但企业经营这场大戏不管少了谁，老板都会把它继续下去，区别顶多就像演戏"换角"而已。少了谁，地球一样会转，基本上还没有过哪部大戏缺了哪个演员就拍不下去的事情。

其次，一个经理人和企业能够共同成长，在其职业生涯里其实也是件非常值得庆幸的事，要珍惜这个机会。俗话说：做生不如做熟。你选择放弃的同时，伴随着而来的就是心态的变化，怨天尤人、对企业、对老板、对同事的不满就会慢慢地表现出来，自然而然你就会在同行、客户面前发泄不满。我常听到一些经理人在背后骂老板，但我听后常会心存疑惑：被你骂的老板既然那么差，可为什么你还为他工作了这么多年呢？和你在一起工作多年的同事都是无能之辈，可为什么你还和他们共事呢？贬低你的老板和同事，并不能为你的能力加分，相反别人听了你的唠叨后，会同情你的老板而瞧不起你，因为一个民营企业给你提供舞台，你却忘了感恩之心。你的下一个老板在听见你骂前任老板的时候，他也会想"当有一天你离开我的时候，你会不会也会像现在这样去骂我？"我服务了几家企业，和老板也有磕磕碰碰，也有不开心，但我从来不去埋怨他们，当别人问起的时候，我也总用赞赏的心态和语言形容他们。客观地说，每个能够成功的民营企业老板，自有他们的过人之处，确实有很多值得别人学习的地方。我可以问心无愧很自豪地说，我的几任老板现在都是我的好朋友，虽不再为他们服务，却可以和他们交朋友。

当然，收入是直接影响心态变化的最主要原因。经理人在一起交流的时候，收入的多少是个既敏感又现实的话题，年薪多少决定着经理人的价值和颜面。那位和我聊天的老同事告诉我，他想走的最主要原因，就是他向老板提出要 80 万年薪，老板没有答应他。而他认为，企业的规模扩大有一半是他创造的。我在给他分析时指出：你 7 年的年薪从 5 万到 50 万增长了 10 倍，业绩从 4 千万到 2.3 亿却只增长不到 6 倍，是不是老板也应该要求你的业绩和你的工资有一样的涨幅呢？另外，在他工作的这 7 年时间里，老板在工资以外，还资助他去读工商管理硕士，以及给予了购房、购车等其他福利，这些都没有计算到他的收入中。他现在做到这个位置，只要重复去落实完成每年的销售任务，收入的增长是可期可待的。对做销售的来说，最困难的时候是初期，而产品一旦形成市场占有率，收获则是必然的。我告诉他，如果放弃这个岗位，也就意味着放弃了可持续的高收入，眼看着可待收获的果子非要让别人来摘吗？一个目光长远的经理人的眼中不能只看到80万年薪。

很庆幸，在我们聊天结束的时候，这位老同事改变了离去的想法，坚定了继续服务该企业的决心。作为一个职业经理人，我们不能把自己的角色定位成"诸侯"，"割据一方"的"老大思想"对于企业与经理人本身都没有好处。

前不久刚收到了我这位同事的喜讯，他刚刚升为这家企业的常务副总经理，年薪100万，并且在企业改制中，获得8%的服务股份，而企业也预计将在一两年内在深圳创业板上市。

向制造业企业家们致敬

每到年终岁末，许多人就盘算年终奖，合计一年收入几何的时候。曾经有朋友善意地"嘲笑"过我：看你一年累到头，钱没见你挣着多少！别在制造业企业里干得苦哈哈的，以你的本事，跟着我一起干风投，或者搞房地产行业，每年奖金都至少够买别墅了。想想自己也还真可悲，职场出道至今，一直在制造业企业里打滚，从来没挣快钱的命。

但其实对于朋友的揶揄，我是不以为然的，这个社会上，有人挣快钱，有人挣辛苦钱，只要自己觉得付出有价值，个人价值能体现，就已足矣。但朋友的这番话，却让我想到了更多的奋斗在制造业企业的朋友们，特别是我身边许许多多的制造业企业家朋友。在这个浮嚣的社会，在这个普遍崇尚挣快钱的时代，他们仍在坚守；在目前的艰难环境下，他们仍在不懈努力着。他们是真正"知其不可而为之"的践行者，是中国经济发展的脊梁，值得致敬！

实业兴邦，制造业企业无疑是一国经济强大的根本和支柱，但中国众多的民营制造业企业的日子却是越过越艰难。

一位做小额贷款公司的朋友跟我说：你别看那些制造企业做得多好多好，老板还上电视风风光光，其实回过头来，他们还不都得找我借钱？他们找我借钱，我还得仔仔细细考察，现在找我短期融资的制造业企业，几百个里都找不到几个赢利状况好点儿的。

他的话听着有点儿刻薄，却也道出了目前众多民营中小企业的实际现状。在中国做民营企业，特别是制造业企业，真是酸楚自知。

经济大势不好，内外交困，外贸不好做，内需消费力不足，历史积弱，制造业企业本来就利润微薄、很不容易，需要社会共同创造一个良好的发展环境，但现实却正好相反。

首先一个就是税赋重。每到年底，企业就要应付税务机关来催收税款。平时也许因为关系处得好，可以减免一些小税小费，往往到了年底，财政一吃紧，很多地方为了保证税收拼命向中小企业下达税收任务，令企业苦不堪言。虽然历任国家税务总局局长都在要求各地税收部门要依法征税，不收过头税，坚决查处收过头税行为，但现实则是各种"补交税""提前收税"层出不穷，企业被要求"作贡献"时不能不做，因为不按要求做就面临被查的风险。

还有就是贷款融资环境差。目前，中国民营企业，除了上市公司稍好一点儿，其他的企业不管规模大小，要跟银行借钱，想做信用贷款是不可能的，统统都要抵押。很多小企业为了贷款，老板把自己房子都抵押了出去。而且抵押还要找担保公司。担保公司其实和银行勾结一起，往往钱还没借到手，要给担保公司支付的几个点就得先掏出去了。

企业运营环境的恶劣，还有部分甚至来源于某些在台上口口声声说要积极扶持民营企业发展，而实际上却处处给企业使绊子的政府官员。我就曾在私下的场合亲耳听过一个政府官员发出以下"高论",可谓难忘:"老板再大不就是一个老板吗?我虽然是个科长,但我再小也代表政府。"我所亲见的抱有这种心理的政府官员应该不是个例,因为前不久看媒体报道,广东清远市清城区一个环保局局长,便声称自己"分分钟可以搞垮一间厂",而且还大言不惭地向他人传授如何利用手中职权敲诈勒索辖区企业的经验!所幸此人被市民实名举报抓起来免职了,但类似的基层政府部门官员,无不令民营企业家心惊胆战。民众对于裸官的痛恨是对的,但有些人对于一些民营企业老板的无奈移民之举却并不理解,也一样报以仇富心态痛斥之,此中巨大的隔阂和鸿沟,也成了许多民营企业家心中之痛。一位民营企业老板就曾经和我说过自己的困惑,他说他原来也不想移民,财富积聚得越来越多之后,钱对他来说就只是一串数字,他也想回报社会,做更多

| 泛家居联盟(冠军联盟)的四任秘书长:慕思寝具总裁姚吉庆、东鹏瓷砖副总裁万政昱、大自然家居品牌总监管其林和我 |

有益社会的事情，令自己的人生更有价值和意义。但他发现，在国内的环境下，不要说做企业，即便是做慈善都很难，除了要面对社会整体环境的不信任氛围，更有许多的条条框框，以及"各路神仙"的雁过拔毛、趁火打劫。而在国外，许多事情都变得很简单。所以即便不是为了自己，为了下一代，民营企业的老板们也倾向于把孩子们送到国外。

也正因为做企业的不易，我见过那么多的制造业老板，其中天天打球、品红酒的老板极少，往往企业做得越大，老板越辛苦。早上天不亮出门赶八点钟的飞机是常态（民营企业老板购置私人飞机的始终还是少数），夜里陪客，不到半夜十二点无法安寝。我熟识的一位民营企业老板，明明患有乙肝，但有时为了逢迎某些政府官员酒还是一样得照喝。因为如果他不喝，对方就认为自己没面子，不冷不热地来一句：××董，你这企业做大了就连酒都不喝了！哪个老板敢不喝？为了企业发展顺利，老板自己身上有什么病都得先扛着。近年来，国家出台了许多反腐政策，吃喝风刹住了不少，也使民营企业老板们少了许多的应酬，大家说起来都觉得高兴。

近些年来，随着房价的疯狂攀升，中小民营企业老板群体中流传着"宁炒一座楼，不开一间厂"的话，这不是玩笑，而是现实。辛辛苦苦做了十年实业，不如随随便便炒一幢楼。炒楼、炒基金、做 PE，似乎做什么都比做制造业强。

也正因此，随着一波波的工厂倒闭潮，中国的制造业和发达国家一样，也同样面临空心化的风险。

但制造业空心化之痛，是连发达国家都承受不起的。因为离开制造业，就连发达经济体都无法有效降低失业率，更何况发展中国家？

甚至是美国，这几年为了降低国内就业人口的失业率，总统贝拉克·

奥巴马强调，为了让美国经济"基业常青"，美国需要重振制造业，并为此调整税收政策，鼓励企业家把制造业工作岗位重新带回美国。为此，奥巴马还专门敦促出台政策、拨巨额款项救助汽车制造产业，而他的一系列行动，也确实收到了一定的效果，特别是在降低失业率方面。有专家评论指出，21世纪的前十年是发达国家去工业化、产业转移的黄金期，但这一进程可能会逆转，未来十年可能是发达国家再工业化、夺回制造业的十年。在此背景下，如何防止中国制造业空心化，为中国制造业企业创造一个良好的发展环境，值得各地方政府和全社会都来共同思考和努力。

第四章

我的四十而不惑

漫谈交朋友

很多人都希望自己朋友遍天下，但也经常听到有人抱怨，每天工作忙忙碌碌，稍有闲暇，能够抽空陪陪家人已经不错，哪还有时间找朋友喝茶聊天，久而久之，朋友也就容易疏远。离得近的朋友尚且无暇兼顾，离得远的朋友，就更容易随着岁月的流逝渐行渐远。

比较幸运的是，不管是从刚出校门参加工作，还是之后成为职业经理人走南闯北，就像我太太说的，我这个人属于典型的"朋友遍天下"的人。而且更难得的是，人家说"朋友遍天下，知音无几人"，而我不仅朋友遍天下，而且交的都是好朋友、好兄弟，不管是去哪儿把盏还是品茗，都能够畅所欲言，一抒胸臆，其乐融融。

好朋友真是毕生的财富，我经常跟我爱人说，作为一个从农村里出来的孩子，这么多年来如果说自己在事业追求上算是有一点点小成绩，可以说完全离不开这么多好朋友的帮助。这种帮助，并不直接体现在金钱方面，而往往是在精神支持上，或在提供机遇的帮助上。

人到中年，回看自己走过这么一段长路，发现除了幸运之外，自己交朋友的一些经验或也值得与刚步入社会的年轻人分享。

　　"一个篱笆三个桩，一个好汉三人帮"，"多个朋友多条路，朋友多了路好走"，这些话本身都很有道理，也很对，但我要说，这些话很市侩，特别是在你希望交到真正的朋友的时候，更要时时提醒自己：不要带着这样的思想去交朋友。为什么呢？就我个人的生活经验，如果有人是以利用你为目的和你结交，你的感觉不会太好，而且，还难免会产生戒心。动机不纯，接下来的交往就难正常。这也是我所理解的为什么会产生"朋友遍天下，知音无几人"现象的原因之一。

　　交朋友要有平常心。"君子之交淡如水"也许境界太高，但以我的交友经验发现，很多时候，确实是这种不怀目的、不带居心的朋友之交，看似平平淡淡，大家相互之间无任何利益往来，时间长了，就像陈酒发酵，日久弥香，友情愈发深厚。所谓物以类聚，人以群分，因为不带居心，你所交的朋友，就会是你所愿意交的，也是你所喜欢的——或者至少他们的某一方面特点是你所欣赏的。学会欣赏别人，并真正喜欢你的朋友。假如有某些人是你确实不喜欢的，不要勉强自己，坚决把他从你的朋友名单里剔除，仅仅把他当做你的工作客户好了。但事情的另一面是，当你真正学会欣赏别人、善于发现别人优点的时候，很多工作上的客户，一样会有成为你朋友的可能。

　　交朋友一定要有热心。我很感谢我的母亲给了我一副热心肠，能够朋友遍天下，应该说跟我本人比较热情、喜欢帮助别人的个性有关。事实上，我也不知道热心肠究竟是天生的还是后天形成的，但我很明白一个简单的道理：你愿意帮助别人，别人就容易记着你。虽然这么多年来，也碰到过类似农夫和蛇的故事，但那毕竟是极少数，人心都是肉长的，只要你愿意对人家好，人家就会记着你。所以，多年来，对于朋友的事情，我都是能帮就帮，竭尽全力，事情成与不成没办法控制，但起码我要尽力。也许正是因此，才让我在朋友圈里小有口碑，大家也都喜欢来找我。

就我的理解，热心和平常心其实也正是一件事情的两个方面，古人说"严于律己，宽以待人"，从自己对朋友期待的角度来说，一定要怀有平常心，对朋友不应有所求；但从对待朋友以及和朋友相处的角度来说，一定要心怀热忱，乐于助人，施恩不图报。能做到这两点，你自然会成为一个受朋友欢迎的人，也肯定能够朋友遍天下。

| 在阿曼好友家吃餐后甜品，这是他们最高的待客礼仪 |

当然，朋友遍天下，对于工作特别忙碌的人来说，如何加强联系、维持好朋友关系也确实很考验人。在这方面，我还是小有心得的：充分利用现代通信便利，发短信、发邮件。

特别是发短信。也许很多人都会哂笑：现在逢年过节，大家都时兴互发短信问候，这也不算什么特别的招数。是的，但我要问，你能够持之以恒十年如一日地给你所有的朋友发短信吗？不仅仅是逢年过节，平时你也会发短信问候，及时跟朋友们交流你的工作、生活心得，并获知他们的近讯吗？

再简单的事情，能够持之以恒坚持下去，那就不简单了，恒心指的就是这种坚持，而大多数人缺的就是恒心。我不敢说自己多么有恒心，但很高兴，至少在给朋友发短信这件小小的事情上，我能够一直坚持下来十几年。毫不夸张地说，自中国内地手机普遍拥有发短信功能开始，我就一直坚持应用这种现代通信技术，问候朋友，交流工作生活心得。我给朋友们发短信的频率之高，看看我每月手机的话费清单就知道：我的手机话费清单里，短信费一项每个月都 300 多元。

别看这小小的一条短信，很多时候，它起到的作用可真是不小。记得有一次，因为自己当时身处低谷，心绪难平，给朋友们发了一条也可以算是"励志"内容的短信吧（具体内容现在也忘了），既是激励自己也是抒发感慨，没想到山东一位朋友收到此短信后，也是心有戚戚焉，没一会儿就给我回了电话，细聊之下，原来他当时正满怀沮丧，看了我的短信，十分感慨，觉得大受鼓舞，精神也为之一振。后来事隔多年，我这位朋友还时常提起当年那次长聊的情景，对人生的起伏也看得更开了。更有趣的是，我的一些年长的朋友，对于长年接收我的一些短信已经形成了"阅读期待"，

| 2009 年在越南竞标亚洲室内运动会开闭幕式工程，和多年的好兄弟 TCL 越南分公司总经理王成相遇，大醉而归 |

而且他们还告诉我说，平时他们也不怎么发短信，但是收到我的有趣短信总会转发给其他的好朋友。偶有太忙碌的时候，发短信的频率不够"密"，他们还会给我来电话：徐总，最近怎么收不到你的短信了？哈哈，这种"被期待"的感觉真是很有意思。

工作要有好身体

前不久碰见多年前的一些老同事，攀谈之后发现一个问题。经过这么多年的职场打拼，身为企业高管的朋友们不是大腹便便就是"三高"（高血糖、高血压、高血脂），各种各样的富贵病都或多或少地出现在大家身上。围坐一起，和大家在感叹高工作压力、频繁接待应酬而损坏了身体健康之余，我也在暗自庆幸：还好这几年来养成了一些健康的生活习惯，让自己的身体状态在一众朋友之中尚属"相对健康"，也算是对家人负责，对工作负责了。总结一下，发现自己还是有些心得可以和大家分享的。

健康的生活习惯就是最好的药。四五年前，我跟其他许多企业高管朋友一样有"三高"、痛风等身体问题，更有颈椎和腰椎劳损，甚至因为痛风的影响压迫神经，让我在夏天会出现手脚发麻的情况，情况曾一度令我非常紧张。但当时因为年纪尚轻，好了伤疤就容易忘了痛，始终还是掉以轻心了。直到有一次体检的时候，医生明确告诉我，像我这种身材偏胖的人，如果不去注意运动和饮食，会发展成严重"三高"，而且痛风也会很严重，这才真正为我敲响了警钟。被医生严重警告之后，我也开始像很多人一样经常去医院体检，核实各种身体指标和数据，吃些乱七八糟的药，做各种各样的治疗。但即便如此，身体状况也不见明显好转，一直处于亚健康状态。

直到有一次很偶然的机会，碰见一位老中医，他给我号脉之后说："你的这些病既算病，也不算病，既要重视，但也不用太紧张。"他给我的建议就是，养成健康的生活习惯，说这就是最好的药。

老中医给我的第一个建议是运动。他说，像我这样的生活工作方式，最好的运动是快走和慢跑。

确实，我应酬频繁，生活没有规律。每天晚上回到家早则十点多，晚的要到十二点；周末也经常没有休息；而且日常上下班路上开车，上班坐办公室，长期久坐，造成身体的很多机能都萎缩了，也不适合高强度的体育运动。那怎么解决这个体育锻炼的问题呢？老中医的建议很好，快走和慢跑确实是适合我进行的最简单、方便、易行的有氧运动。

因为我住在一个比较大的小区里，

| 我荣幸地担任 2010 年广州亚运会的火炬手 |

小区绿化等各方面条件也还不错，小区花园和道路都很适合快走和慢跑。于是，这几年的时间里，我都尽量坚持每个星期能有三四个晚上进行锻炼。只要当天没有喝酒，能够较早到家，我都会换上跑鞋，在小区里慢跑30~40分钟；如果当天喝过酒，回到家比较晚，我就会喝点儿茶，在小区里快走30分钟。这两项运动都到身体微微出汗就可以了。我发现，运动完回家洗澡之后睡觉，还能大大提高睡眠质量。如果出差怎么解决呢？我就经常在离酒店还有2~3公里的地方提前下车，走路回去。

为了能够让自己把体育锻炼长久坚持下去，我还想办法给枯燥的体育锻炼增加小乐趣。在我住的小区附近有个高尔夫球练球场，时间长了球场包围网经常会有破洞，球经常被打出来。有一次，我偶然拣到一个高尔夫球拿给女儿玩，女儿很开心，这让我晚上出去跑步又有了一个新动力——边跑步边练眼力拣球给女儿玩耍。这让我既进行了体育锻炼，又很快乐，在得到乐趣之余锻炼了身体。实际上，我也曾尝试过买个单车机在室内练习，一边看电视一边锻炼，但是一次两次还觉得可以，时间一长就觉得很枯燥无聊，而且室内锻炼始终不如室外空气好，毫无乐趣可言。

后来我才知道，原来慢跑和快走这种简单、方便、易行的有氧运动，在国外还有"总统运动"的美称。它们负荷不大，一边运动一边出汗，既锻炼身体和纾解压力，更可以想想问题，这是最好的放松方法。现在别人问我做什么运动，我都说我做的是"总统运动"。

我保持了基本是做一天运动歇一天的频率，如此几年下来，身上"三高"症状已经恢复到接近正常值，颈椎和腰椎的毛病则基本消失。以前处于亚健康状态的时候，每天起床都浑身酸痛，感觉很不愿意起来。这几年坚持锻炼下来，这种负面感觉和情绪也慢慢消失不再。

除了运动之外，老中医给我的第二个建议就是饮食清淡，尽量不要吃贝壳类海鲜和动物内脏。

　　这个建议其实也正符合我自己的转变。原来我是个很喜欢吃肉的人，但随着这几年岁数大了，对健康与养生的问题也开始重视。据说，贝壳类海鲜和动物内脏正是导致"三高"的饮食成因之一。同时，吃海鲜喝啤酒最容易引起痛风。老中医给我讲过以后，我就更加坚定戒口：海鲜不吃了，动物内脏不吃了。因为曾经试过有一次喝了很多啤酒，导致腿上的痛风发作，于是我也下定决心把啤酒也戒掉了。

　　很庆幸自己这几年生活习惯的慢慢转变。这种转变，既有利于身体健康，同时我还发现，在快走和慢跑的过程中，让我有了更多时间思考问题，同时又缓解了我的压力。特别是在争夺奥运会鸟巢全球竞争性比选招标期间，我的精神压力非常大，人也特别急躁，晚间的慢跑除了缓解我的压力之外，也让我能够更加静心地思考和分析问题，并找到解决问题的办法。而忌口自律，管住自己的嘴和对饮食的欲望要求，也无形中锻炼了自制力。事实上，不管再忙，大家都需要有个好身体，因为不管事业做得再成功，没有一个好身体，钱再多也没有用。为了对自己负责，对家人负责，对企业负责，希望所有的朋友们都能像我一样，找到适合自己的健康养生之道。

从董明珠告状引发的思考

"董明珠告状"一度成为网络热词之一。事情缘起 2009 年年底，珠海格力电器股份有限公司（以下简称"格力"）参与政府采购中心公开竞标某医院一门诊楼空调设备及安装采购项目，给出了 1707 万元的最低报价，结果却被价格高出 400 多万的外资品牌产品挤出了局，而被挤出局的理由十分难以令人信服：居然因为标书格式原因而导致被"废标"。

为此，董明珠在投诉无效之后，一纸诉状将相关部门告上了法庭。而就在双方对簿公堂之际，该医院与中标单位却仍然照签合同照施工！

此举令作为全国人大代表的格力老总董明珠在参加广东省两会时，借见汪洋之机不得不出声炮轰政府采购，成了两会期间的新闻人物。

实际上，对于"董明珠告状"内情，我不清楚也不方便评论是非，但在这次事件中，董明珠在两会上的发言却很能代表我们许多国内企业的心声。比如董明珠抨击的，目前"在国家政府机关、国家重大工程、大型垄断国企、地方政府及相关部门中央空调集中采购招投标过程中，即便中央空调民族品牌的价格比国外品牌低 1/3，这些单位的集中采购仍然倾向于国外品牌"。还有，她认为"政府采购的关键和核心，应该是能够采购到最佳性价比的产品，而不应以国产还是欧美、日本等洋品牌作为衡量标准。反观现在很多洋品牌实际在国内的乡镇工厂贴牌生产，质量很难得到保障，售后维护成本高，还享受诸多的税收优惠"。

这些话，说得真是大快人心。因为，连纳税额位居广东家电企业最高水平的格力都在强烈呼吁公平环境、呼吁政府要对国产自主品牌有倾斜，对于国内一众中小企业来说，此中意义无疑更加重大。

事实上，这个话题也不是什么新话题，之前也一直有人呼吁过，但问题是，年年呼吁年年都没进展，即使在金融危机之后，中国启动4万亿投资拉动经济的情况下，政府采购领域对于众多中小企业来说，仍然是"爱你在心口难开"。

纵观国际，情形恰恰相反。即使在号称充分市场化的西方国家，政府采购也倾向于自主创新品牌。大家在报纸传媒上都可以看到，自2008年金融危机全球经济陷入低迷以后，各国都先后推出了经济刺激方案。在这些方案中，政府采购最令人瞩目。而为了保证政府采购能够真正起到刺激本国经济的作用，各国政府都纷纷对其进行各种倾斜保护限定。如美国众议院于2009年1月28日通过了奥巴马政府提出的新经济刺激计划，其中就有"购买美国产品"条款，即所有在振兴经济配套的赞助下展开的公共工程建设项目，要获得经济刺激计划的资金支持，除了法定例外情形，只能采购美国本土生产的铁、钢和制成品。我查了一下资料，发现其实美国1933年就颁布了《购买美国产品法》，此法明确规定：政府采购须"扶持和保护美国工业、美国人和美国投资资本。"这个购买法并非徒有其表，而是实实在在起了作用的。如1960年集成电路产品刚刚问世，就全部由美国政府购买。像 IBM 公司、惠普公司的成长壮大，都曾有美国政府采购扶持的一份功劳。

实际上，即便不是金融危机，各国也普遍都有类似的"政府采购法"，虽然具体办法各异，但基本上都会倾向本国的产品，像澳大利亚对环境产品采购更严格，以国家安全、保护环境为由，禁止或限制外国供应商进入本国政府采购市场。

反观国内，虽然 2006 年财政部就发布了《关于实施促进自主创新政府采购政策的若干意见》，其中第三条要求：在具体采购活动中，应树立国货意识，提出针对采购人和采购代理机构的相应要求，采购数额较大的进口产品时，要经过有关方面论证，不断规范政府采购进口产品行为，为研究建立购买外国产品审核体系和进口产品管理办法创造条件。同时，研究建立对采购自主创新产品的有效激励机制。意见还指出，地方各级财政部门要加强对自主创新政策实施情况的监督检查，督促采购人和采购代理机构自觉执行促进自主创新的政府采购政策，对有意规避采购自主创新产品的单位和相关责任人，应依照有关规定予以处理。对于在政府采购中促进自主创新工作取得明显成就和贡献的单位和个人，应予以鼓励和表彰。

正是因为 8 年前这个意见的出台，类似我们这样的许多国内中小企业对此都充满期盼。但似乎事与愿违，几年过去了，政府采购依然是我们"心中的痛"。

看看下面这个数据：根据商务部统计，2008 年我国机电设备产品通过国际招标采购的总金额是 282 亿美元，国外产品的中标率是 80.5%。虽说是管中窥豹，但也可见一斑吧。我在网上查到的媒体报道资料称，在目前我国的政府采购市场中，外国供应商已经几乎垄断了电梯、照明灯具、彩色胶卷、橡胶、轿车、洗涤用品、碳酸饮料和一部分家用电器等领域。

为什么会出现这样的现象？个中原因复杂，虽然或许其中确有某些国内企业产品技不如人的原因，但更多的还是一些负责政府采购部门对国内企业产品长期以来的偏见，以及其中的利益纠结，导致了对国家相关扶持政策的漠视。有某招标单位的负责人就曾对我坦言，反正是政府采购，花的是财政的钱，不花白不花，进口产品贵是贵了，可是贵得有理由有借口，而且万一花那么贵的价钱采购的进口产品出了问题，追究起原因来找借口也更容易些：连最贵最好的进口产品都出问题，这不能怪谁吧？但如果用的是国产货，一旦出了问题，不小心还容易被人"咬"住不放：放着那么好的知名的国际品牌产品不用，非要用国产品牌，看看，现在出问题了，你怎么解释？

所以说，目前在政府采购中，对国产品牌不利的因素还是太多，怎么实现中央对国产品牌的创新扶持，仍然需要各级地方政府真正出台和贯彻落实各项具体扶持政策和措施，只有这样，类似"董明珠告状"这样的事情，才不至于闹得如此沸沸扬扬。

互联网时代的四十不惑

　　都说四十不惑，但作为 20 世纪 70 年代生人的职业经理人，最近和我同一拨做传统制造业的许多高管朋友们一起聊天，感觉大家都会有种莫名的焦虑，甚至能感觉到有些人还会隐隐约约地有一丝恐惧。很多人也不再像以前那么放得开，不仅朝气、冲劲没了，在交流中，有些人也更喜欢把自己捂得严严实实，就像为自己筑一个壳，保护自己。

　　对此，我也曾经困惑——为什么会这样？焦虑来自哪里？年过四十该怎么办？

　　我想，焦虑既来自年龄，也来自现在一日千里、瞬息万变的互联网科技。像我们这拨从 20 世纪 90 年代就开始出来打拼的职业经理人，年轻时一穷二白，一无所有，于是无所顾忌，勇往直前。现在人到中年，职位高了，地位有了，钱也有一些，拖家带口，难免患得患失，这也是人之常情。

　　除此之外，各种新型网络营销手段也层出不穷，令传统营销人顿感手足无措。以前我们做一场营销活动，可能会花一两个月的时间准备，然后用一两个月的时间实施，一年里头搞上几场大的有影响力的大规模营销活动，就已经能令销售倍增，令老板满意，也让自己很有成就感。但现在的网络营销，好不容易吸引来消费者的眼球，可能今天刚刚炒作起来，明天恰好出个什么别的热点，一下子就把你的努力给覆盖了，白折腾。而且，网络营销自有一套网络的传播语言，有不同的传播逻辑和方式，跟我们以前传统的玩法完全不一样。虽然大家现在坐下来也在张口闭口"大数据"、"O2O"（全称 Online To Offline，即"线上线下电子商务"），但真正搞明白弄得通的又有几个？包括我自己，也得老老实实说，正在努力学习中。

不得不承认，我们原来成功的经验很多都用不上了，虽然承认这一点会让人惶恐，但如果不能坦然面对和承认这一点，就只能一直恐慌。我朋友圈里许多与我同龄或年长于我的经理人，很多都出身于家电行业，而家电行业恰是中国市场化发展过程中，竞争相对最充分、营销争夺战最激烈的领域之一。这二三十年来，中国家电行业几乎经历了各种各样的营销模式、管理模式。从彩电行业开始打响的价格战，到技术战、品牌战、概念战，营销战场可谓硝烟弥漫，你死我活。企业管理方面，从 20 世纪 90 年代末全国家电企业学海尔集团，然后又开始学外企 IBM、惠普，管理模式也不断求新求变。尽管如此，但我们那时候还可以说起码有样可学，照葫芦可以画瓢。步入现在的 O2O 时代，作为传统营销人，容易一下子找不着北，不知道该学什么，也不知道该学谁？因为很多东西跟我们以前的玩法已经完全不一样了，改变不是一点点，是颠覆性的。以前我们知道消费者在想什么，而现在的市场，特别是已经被互联网和各种社交媒体、自媒体海量资讯"宠坏了"的消费者，精明甚至苛刻得让你不知如何满足和讨好。对市场把握的困惑和焦虑，无时不在。

毕竟年龄不饶人。连互联网大佬马化腾都说："即使你什么错都没有，就错在太老了"。在我们这些传统产业经理人的眼里，马化腾已经是站在互联网前沿最潮的代表，但连他居然都说"我越来越看不懂年轻人的喜好，这是最大的担忧"。他在密切观察各行业和互联网的结合，他说很多人问潮流来了，知道该怎么变，但是好像做不到。为什么呢？他觉得那是"因为有时候会跟自己的既得利益，或者说 DNA 不适应"。

对此，我既深以为然，也觉释然。互联网改变的不只是你是我，也是所有人，是全世界。

唯有以开放的态度、努力的学习、包容的心态，以不变应万变，才能做到求变。这话说起来似乎有点绕，但于我而言，落实起来其实也很简单，那就是积极主动跟有着互联网思维的年轻人去融合。孔子说不耻下问，但真正能够向职位比我们低很多、年纪资历都要比我们低很多的年轻人主动学习和请教，又有几个真正能做到？中国人好面子的习性与不耻下问的做法其实是很矛盾的。关键只要突破所谓的"面子"这一关。

由于我一直以来基本上都在传统制造业企业工作，市场、营销经验也是在传统行业积累的，可以说在 2012 年年底之前，对于互联网、电子商务的理解和了解都很肤浅，有些甚至是错误的。也正因此，我主动向年轻人求教，向互联网行家们偷师学习。记得 2012 年年底淘宝网的一个"店小二"来广州出差，很年轻的一个小伙子，看上去甚至像个小孩子，但我知道他的互联网思维、电子商务知识是我急需补上的一课。为此，我亲自到机场接他，请他吃饭，和他长聊，虚心求教。小伙子见我如此礼遇于他，受宠若惊，颇受感动，只要我问到的问题、想了解的情况，无一不坦诚相告，知无不言，言无不尽，令我获益良多，茅塞顿开。其实，整个 2012 下半年，为了学电子商务，也恰好当时有特别充裕自由的时间，我专程去北京、上海，和那些年轻小伙子晚上一起泡酒吧、一起蹦迪，经常玩到凌晨两三点。并不是我喜欢这些娱乐，我这么做，就是为了和他们找到共同的语言，找到一个共通的频道对话，学习如何与他们沟通交流，了解他们的思维方式。其实在他们这些年轻人的心里，我们这些高管层也很"高大上"，甚至有些也会用仰视的眼光来看我们，所以，如果你能真正放下身段不耻下问，他们也一样很乐意交流，沟通无障碍。所以说，懂得营造与年轻人对话交流的平台和机会，这个非常重要。

对于"80后"甚至"90后"的年轻营销人，在管理上也要包容。对于企业内部流程、员工的组织管理，也需要我们应对新的挑战和转变。原来我们这代人，像1998年我在TCL的时候，领导可以以其权威直接来下命令。现在再用这一套来管理年轻人，已经完全行不通。以前我们按时上班，还打卡管理，现在很多时候已经不能再这样，作为管理者，有时你就是要能接受年轻人早上起不来、上班迟到的习惯，甚至对于某些习惯在家办公的人也可以容忍，只要他的工作见成效。现在是网络时代，电子商务时代，年轻人晚上或加班或放松，夜里忙到一两点，早上起不来很正常。他们的工作方式已经完全不同于我们年轻时，如果还用我们年轻时代的管理方式来管理他们，无疑是过时了。就像英超切尔西主帅何塞·穆里尼奥在接受杂志采访说他带过的球员们："经常出现球员们在比赛前照镜子，而此刻裁判只能在球员通道里干等着。但现在的社会就是这样，年轻人总是很关注这些东西，对此我必须适应。"

是的，"必须适应！"只要我们自己的心态够年轻，够开放，其实又有什么大不了的呢？

前阵子见了一位70多岁的老师，看上去显得比实际年龄年轻多了，问他多少岁，他笑称自己是"70后"。我们这拨真正的70后，无疑更应该向他学习这种年轻态。

现在到处都在说传统媒体不行了，但传统媒体是不是真就一无是处了呢？我不这样认为。就像我们这拨四五十岁的传统行业出身的经理人，有丰富的人生阅历，有深厚的职业积累，对于大的战略，我们会更有决断和把握能力。年轻人始终取代不了。我们长期从事管理和营销养成的对市场和消费者感知的敏锐度，也始终是年轻人不能比拟的。现在做电子商务的"80后""90后"，很多是学信息技术出身，并没有从事传统制造业和做传统营销的经验，他们对产品的整合能力不够，他们的优势在于年轻，在于对互联网的理解和互联网的思维。我们这拨从传统制造业走出来的经理人，只要肯学，努力去学，补上自己的短板，O2O线上线下的整合不就成了我们的优势吗？当初做服装的电子商务，人们蜂拥而上，但最后能够成功做大的也就那么几家，其实他们就赢在了产品的整合能力和服务。而这些也正是我们的优势，如果我们能把自己的优势与互联网思维对接，就能发挥出来。2013年我创立的电子商务品牌"黄金谷"，一开始都让年轻人做，他们也会设计很多特别新奇、特别潮的产品放上去，也有好的反响，但市场收获却不尽如人意。后来我直接介入，跟他们一起研究产品，细致分析价格情况，研究分析销市场情况，在细分市场找到了爆款热点。

不讲产品的营销就是"耍流氓"

　　"没有卖不出的产品，只有卖不出产品的营销人"，这句话忘了是哪位营销大师说的，我一直对这句话也深以为然。但最近几年，我开始对这句话产生了怀疑。年轻的时候总以为营销就是天，有了天就能解决一切。现在才知道产品是地，任何天空中的东西不接地气，都是浮云。现在的市场，营销固然重要，但最终还是回归到产品本身。

　　事实上，反观周围不少开咨询公司的朋友，还有一些中国的所谓营销大师，每年手里接那么多项目、那么多产品，最终通过营销炒作能成功卖出去的有多少呢？没多少。这是个信息过剩、产品过剩的时代。君不见，现在随便哪样产品，都有成千上万的同类产品，款式多样，其中热卖大卖的能有几个？只要百度一下，输入个产品名往往就有几百几千种可选，淘宝网、京东商城，各种电子商务网站，立马眼花缭乱。

　　时代已变。过去的那些年，我们曾经看到去中央电视台（以下简称"央视"）砸个标王就能成就一个品牌，什么东西炒作一下，就能热卖，甚至投个广告，搞个策划，就能把市场做出来。但这些手段最终经不起时间的检验，更经不住时代变迁的考验，不少企业和产品都是各领风骚三五年，最后真正能做长久的，始终还是要靠产品本身，靠产品本身过硬的品质，才能一直屹立到现在。家电业的市场化发展最早最充分、历经各类硝烟弥漫的营销大战，今天再回头看，能在家电业存活下来，而且能够发展壮大至今的，像做空调的格力，做电视的 TCL、创维，都是踏踏实实在产品上花了大力气，不断提高产品力的典范。"精品空调，格力创造"虽是口号，却也正是董明珠标榜的所谓"没有精品的企业是丑陋的"的宗旨的体现。看看今天 TCL 的彩电，和十年前的 TCL 的彩电，不管在品质上，还是在工业造型设计上，也都发生了根本性的改变。

看看九牧，一个肇始于福建乡下的国产卫浴品牌，它能够做到国内卫浴品牌的老大，其价格可以定那么高仍有市场，凭的又是什么？凭的就是品质。九牧的老板，花几千万请来 TOTO（东陶公司）的团队，来帮他做研发；请做汽车的乔治·亚罗来给他做设计。大家可以看看他产品的品质，和 TOTO 等国际一线品牌卫浴产品相比，除了品牌的沉淀还不能齐肩，产品的品质、外观、设计、工艺、生产线，都不相上下。"好的产品，自己会说话"，有经验的消费者一眼就能看出来品质。我们营销人很多时候太关注营销而忽视了产品本身。譬如苹果手机，大家都说没有了乔布斯，苹果产品就没有了灵魂，但正因为乔布斯锻造了苹果手机无可比拟的产品力，其体验感、手机品质即使在后乔布斯时代，仍然经受住了时间和市场的考验，其品质魅力起码到目前为止仍在延续中。

中国出不出得了乔布斯、出不出得了"苹果"，一度成了大家热议和纠结的话题，而我更关心的就是科技创新和产品力。中国企业过去发展的几十年中，特别是数量为最的一批民营企业，可能因为很多老板或经理人都出身于营销的缘故，大家多年来都太相信营销创造的奇迹，甚至迷信营销至上。很多老板容易陷入营销怪圈里，觉得自己的产品出来，只要舍得砸广告，有渠道，会招商，就能把一个产品做起来。

事实上，网络时代的消费者已经越来越精明。原来有句话说"买的没有卖的精"，它对买卖双方在定价等商品信息上不对称的描述无疑是对的，所以即便在严谨的经济学意义上，这句话也是成立的，但在现实生活中，在当下的互联网时代，这句话虽然不至于被改写，但也已经远不是那么回事了。我们已经可以看到和深深体会到：虽然买方和卖方的信息仍无法对称，但买卖双方的信息不对称正大大缩小。消费者可选择的范围太大，能够提供商品或服务的商家太多，几乎全球都已进入生产过剩时代，尤其在"Made in China"的中国。特别是电子商务的普及，甚至使大家选择产品已经不止在中国范围内，而是全球范围。不管是产品的功能、款式，还是价格。

现在的中国市场，高中低三个消费类别，分层越来越明显。营销固然重要，但产品品质更重要，尤其在中高端，特别是高端市场。消费者未必真正崇洋媚外，但很多国产品牌的产品和国外的同类产品，确实明显不在一个档次，人家价格贵一两倍仍然能在市场上大行其道，自然有他的道理。

这些年来，一些家电企业为了降低成本，打低端价格战，做出来的东西往往就很劣质，难得有少数反其道而行之的企业，真正在品质上下工夫，多年坚持下来，成就了自己的品牌和市场。我印象比较深的像方太，号称中国高端厨电领导品牌，原来我还认为是噱头而已，但后来我特意在商场比较同类产品以后，还是叹服了：方太的外观造型、用料，明显和其他国内同类厂商不一样。就像大家买车都喜欢拿德国车和日本车做对比，觉得德国车皮实，日本车用料薄，铁皮一按就能按个洞似的。方太的抽油烟机和灶具，起码所用的钢材比起其他品牌就明显厚实，用料足。这也是为什么它的价钱比别人贵了三成多，仍然有很多消费者捧场的缘故。

所以说好的产品就像有自己的生命，好的产品会说话，它自己会向消费者打招呼。好产品、好品质需要传承和积淀，需要守得住底线、耐得住寂寞。就像欧洲的很多奢侈品品牌，几代人守着自己的家族企业，不急着扩大，不忙着上市，为的就是坚守品质，稳固老祖宗好不容易创下的品牌。反观我们中国，太多企业急于创品牌，创了品牌急着套现，最后没蹦跶几下很快就见光死了。比如像白酒行业里的秦池，当年在央视靠着投了标王一夜成名，可谓瞬间红遍大江南北。秦池酒销量大涨，供不应求，生产跟不上，就到全国各地收购基酒，据说有一段时间，在秦池酒厂门前供酒的车都排成了长队。透支品牌不顾品质赚快钱，秦池就这么火了几年后终告失败，现在基本销声匿迹，大家谈论起知名白酒品牌时早已没它的一席之位。

企业急功近利，从短缺经济时代走过来的消费者往往也容易习以为常。所以我们对于买个热水器用了三两年就坏，买个洗衣机不到一年就常常报修的现象都习惯了。甚至连我们居住的所谓70年产权的房子，质量也让人担心。据媒体报道，20世纪八九十年代，全国建了一批"快餐房"，质量难保证，一些城市良莠不齐的建筑正进入"质量报复周期"，"楼歪歪""楼塌塌"都陆续有现。专家建议彻查老旧楼房。据专家统计，英国建筑平均寿命132年，中国却不到30年。

在改革开放的前几十年里，中国市场太急功近利，不管是企业还是消费者，对品牌、品质的认识都很肤浅，也许后改革开放时代，愈趋成熟的市场，越发理性和明智的消费者，会促使一切悄然转变。

就像借着亚洲足球俱乐部冠军联赛出名的恒大冰泉，虽然表面上的品牌效应出来了，但接下来，还得看产品的品质本身及其品质保障。个人觉得，现在的产品，想靠一个策划，一场炒作就纵横天下的时代已经过去了。有感于此，我觉得作为营销人，也必须从以前习惯性的新闻炒作、策划中回过头来，重点关注产品本身的品质、设计，产品的用户体验感，要尽可能从产品一开始的设计、市场定位介入，而不是仅仅为营销而营销，把营销等同于炒作。我在自己的新浪微博和微信朋友圈里说"做营销不关心产品力就是耍流氓"，引来许多营销中人的共鸣。我要说，一个伟大的销售员，一定是个伟大的产品经理。乔布斯也好，雷军也好，都是如此。

2013 年有段时间，我创立的电子商务"黄金谷"一开始摸不着道，主要通过外采，做了很多大众化的东西，卖不动。后来，我们开始注重自己研发产品，像做出来的六字真言佛珠、"追梦神马"挂件，迎合年轻人喜欢的小巧、很萌的产品形态，一经推出大受欢迎，在相当长一段时间里都是位列京东商城、淘宝网黄金珠宝类目排名第一的产品。要知道，这可是在 2013 年黄金连番降价之后市道不好，再加上整个礼品市场不景气，黄金饰品市场整体也较冷清的环境下收获的好成绩。

所以说产品的原创和技术含量很重要，如果不是靠产品力本身撬动市场，光靠各种噱头、打折、送赠品的营销，用处不大。现在的市场，产品如果做得不好，尤其对于电子商务，网上还有 7 天无理由退货的规定，消费者随时可以秒杀掉你。面对今天的市场，作为一个营销老兵，我不得不承认，现在是靠产品创造营销奇迹的时代。一件好的产品，将决定着你营销能否成功的百分之六七十。所以，我要做好我的营销，就必须先做好我的产品。

只有此生此世是不够的

　　男儿何不带吴钩，收取关山五十州？作为一个长年"带兵战斗"的职业经理人，总觉得这句诗很提气，常能让人豪情满怀，斗志昂扬，也使市场征战过程有了更多金戈铁马酣畅淋漓的快感。但其实我又是一个很爱居家的男人，这一点，也许只有我的爱人清楚。也只有她，懂得欣赏我的所有——外表和内在。感谢上天赐予我一位能够如此理解我的妻子。

　　作为一个不安于现状、永远奔跑在路上的职业经理人，隔三差五打"飞的"，出差在外变成我的生活常态。对此，我的妻子不但理解，而且还曾经作过如此形容。她说，你每次一出门，我就觉得你像出征打仗一样，斗志昂扬地出去；每次回家，我都像迎接英雄凯旋一样地盼着你回来。正因为有妻子的鼓励和打气，不管在外面是得是失，成功还是失败，只要回到家，整个人就感觉到踏实，一切都充满生机和活力。其实，随着年岁渐长，愈感到"是非成败转头空，青山依旧在，几度夕阳红。"成固喜乐，败亦有功，享成容易，真心接受失败不容易。我很庆幸自己有妻有家有孩子，所以即便在外面撞得头破血流，精疲力竭，只要回到家，就能够像电脑游戏中的角色一样"满血复活"，充满能量。古人云"成家立业"，成家在立业之先，放在我的身上，还真有一定道理。家给了我爱，给了我支撑，赋予我责任。

"责任"也正是我这辈子除了"爱"之外最重的一个词。如果说这十几年来，我的职业生涯勉强能算略有所成的话，也应归功于我对"责任"一词的矢志坚守。而担当负责，窃以为，这也正是对一个合格的职业经理人的最本质要求。

在百度输入"职业经理人起源"，可以搜到：职业经理人最早起源于美国，到今天已经有160多年的历史。1841年10月15日，美国马萨诸塞州的铁路发生一起两列客车迎头相撞的事故，社会公众反响强烈，认为铁路企业的业主没有能力管理好这种现代企业。在州议会的推动下，对企业管理制度进行了改革，选择有管理能力的人来担任企业的管理者。这位管理者，就成为世界上第一位职业经理人。

但在中国，真正意义上的职业经理人起步比美国要晚上百年还不止。实际上，中国是在入世之后，在经济全球化大潮中，才真正意识到科学的管理体制、优秀的管理队伍对一个企业、一个产业、一个国家经济发展的重要性。也正是因此，企业创建者们开始寻求企业职业化的管理培养和寻求优秀的职业经理人，作为企业发展的核心驱动力量，引领企业向前发展。正是在这股浩浩荡荡的大潮中，我也算生逢其时，躬逢其盛，从一个普通的企业营销人员到资讯总监，直至踏上了职业经理人之路。

职业经理人这条路，说好很好，说难也真难。不管是平时和许多同道交流，还是出去讲课回答后生们的提问，我都会告诉他们我的观点：做一个优秀的职业经理人，除了必备的能力之外，最重要的便是勇于担当负责任。不管是已历经上百年历史的美国职业经理人，还是成长历史尚短的中国职业经理人。负责任，既是一种信念，同样也是一种能力。敢于负责，能负责，负得了责，企业创始人才可能把企业运营交给你去做。无疑这很难。特别是，和美国发达的现代商业环境、成熟的职业经理人机制相比，中国欠缺的太多太多。

最欠缺的一样便是信任。这些年，中国收获了奇迹般的经济增长，城市群如雨后春笋，破土拔节之速令全世界叹为观止，但在经济列车轰隆向前的同时，诚信被甩到了一边。终于大家开始醒悟，很多人回头找诚信时，发现已经越来越难找到。缺失了诚信，这个社会开始出现许多乱象，人心也都惶惶：吃的喝的用的，都没一样可以放心。在原来一直奉行"人无信不立"、"言而无信，不知其可也"的国度，诚信竟成了稀缺资源。这是时代的悲哀，也是我们这代人的悲哀。

各行各业，都不得不为社会整体诚信的缺失买单，作为职业经理人群体中的一个个体，我也一样也会受困于这整体的困境。但我一直深信，个体的努力虽然未必能改变整个环境，但至少，我可以尝试着改善我的环境，改变我的周围。我不是一个道德高尚的人，但在职业道德上却能够完全问心无愧，在这十几年的职业经理人生涯中，我一直践行并确信，我的诚意和忠心，使我能够一路畅行至今。也正因此，我和我服务过或没服务过的很多企业老板们、我的职业经理人同行们，都能成为亦师亦友，甚至是兄弟的良好合作关系。

说起师友兄弟，作为此书后记，我要诚挚感谢TCL的李东生先生，感谢他的气量和包容。十几年前，年轻气盛的我从 TCL 的资讯总监位上出走后，在央视《对话》栏目面对李总，口不择言地诟病 TCL 的用人机制，搞得现场都略显尴尬。多年以后，李东生先生为我新书寄言："市场永远是正确的，营销之路也没有定式。对于新入职场的年轻人来讲，不仅要掌握市场趋势和营销方法论，更重要的是要学会责任担当，坚持理想，创新求变，大胆实践，这样才能比别人走得更远。"

感谢锐丰音响的王锐祥先生。是他给我最充分的信任，让我在一个完全陌生的行业里能够把自己的状态发挥到最佳。

感谢雷士照明的吴长江先生，他让我这个中国式的职业经理人更坚定了自己的信念，更明白义利之辨，忠诚无价。

感谢国金黄金的廖斐鸣先生，他的重诺守信、追求卓越的精神让我受益匪浅。

感谢德豪润达的王冬雷先生，他的大气和眼界开阔了我的视野，他对品质的追求让我对精益求精有了更深的理解。

在中国做企业不容易，尤其是众多中小民营企业，营商环境一直都比较艰难，市场化喊了多年，但往往政府该出手的地方不出手，不该出手的地方却把手伸得老长，这成了影响企业发展壮大，甚至决定企业生死的一个问题。此书收录了我写过的一篇《向制造业企业家致敬》的专栏文章，记得当时在《经理人》杂志发表后，许多企业家朋友纷纷给我发微信，表达共鸣。但我也愿意选择相信，环境会变化，这个社会会变得更好。就像《野蛮生长》的作者、企业家冯仑最近在某个论坛上说的，他说以前赚钱的都是文科男和"社会上的人"，因为这些人会"搞关系"；现在不一样，理科男甚至宅男都能赚大钱了，他们可以很简单地做好自己的技术，一心一意做好自己擅长的事就行，不用去管杂七杂八的各种"关系"，特别是和政府的"关系"，也一样能创业，能赚钱。这确实是一件好事，它证明了政府的有形之手开始做自己该做的事，不该伸手的地方不再伸手，让市场这只无形之手真正发挥作用，配置资源、分配财富。但愿有生之年，我能看到一个政治清明、市场发达、人人都能各尽其用、各享其成的现代中国。

知名小说家王小波说过一句话：一个人只拥有此生此世是不够的，他还应该拥有诗意的人生。套用一下，作为一个职业经理人，我认为只拥有此时此地所得所获也是不够的，他还应该拥有更宽广的未来，追求更具内涵和更丰富理想的人生。

虽然有时候实践未必能出真知，但作为经历过国有企业、外资企业和民营企业，从一个普通市场营销人员成长起来的中国式职业经理人，有幸在中国这个大市场、大时代里历练成长，浮沉商海，不论成败，总有许多感悟不吐不快，总有一种冲动想与人分享，于是便有了每月一期的《经理人》杂志专栏，便有了这本书。不讲系统，拒绝深奥，我只讲我的实践，我的思考，我的所悟所得。坐言起行，衷心希望，这本书对读者们有所帮助，是为后记。

徐风云